特別付録

これから始める方へ
不動産投資属性診断
チェックシート

Q1 年収

	チェックマーク	
① 3000万円以上	□	15点
② 2000万～3000万円未満	□	12点
③ 1500万～2000万円未満	□	10点
④ 1000万～1500万円未満	□	8点
⑤ 800万～1000万円未満	□	6点
⑥ 600万～800万円未満	□	4点
⑦ 500万～600万円未満	□	2点
⑧ 500万円未満	□	0点

Q2 年齢

	チェックマーク	
① 40歳未満	□	10点
② 40～45歳未満	□	8点
③ 45～50歳未満	□	6点
④ 50～55歳未満	□	4点
⑤ 55～60歳未満	□	2点
⑥ 60歳以上	□	0点

Q1 + Q2 小計	点

Q3 会社規模

A 会社員の方

	チェックマーク	
① 上場企業	□	10点
② 従業員1000人以上	□	8点
③ 従業員500人以上	□	6点
④ 従業員300人以上	□	4点
⑤ 従業員100人以上	□	3点
⑥ 従業員50人以上	□	2点
⑦ 従業員50人未満	□	0点

B 会社役員の方

	チェックマーク	
① 年商10億円以上　経常利益率5%	□	10点
② 年商5億円以上　経常利益率3%	□	8点
③ 年商2億円以上　経常利益率3%	□	6点
④ 年商1億円以上　経常利益率3%	□	4点
⑤ 年商5000万円以上　経常利益率2%	□	2点
⑥ 上記以外	□	0点

C 自営業の方

	チェックマーク	
① 年商1億円以上　所得利益率10%	□	10点
② 年商5000万円以上　所得利益率10%	□	6点
③ 年商3000万円以上　所得利益率10%	□	2点
④ 上記以外	□	0点

Q3	点

Q4 勤続年数

	チェックマーク	
① 20年以上	□	5点
② 15〜20年未満	□	4点
③ 10〜15年未満	□	3点
④ 5〜10年未満	□	2点
⑤ 3〜5年未満	□	1点
⑥ 3年未満	□	0点

Q5 保証人について

	チェックマーク	
① 収入1000万円以上の所得合算できる保証人がいる	□	10点
② 収入500万〜1000万円未満の所得合算できる保証人がいる	□	6点
③ 保証人がいる	□	4点
④ いない	□	0点

Q4 + Q5 小計	点

Q6 不動産を含む金融資産の担保について

	チェックマーク	
① 3億円以上	□	15点
② 2億～3億円未満	□	12点
③ 1億～2億円未満	□	10点
④ 7000万～1億円未満	□	8点
⑤ 5000万～7000万円未満	□	6点
⑥ 2000万～5000万円未満	□	4点
⑦ 2000万円未満	□	0点

Q7 借入残高

	チェックマーク	
① なし	□	10点
② 5000万円未満	□	4点
③ 5000万～1億円未満	□	2点
④ 1億円以上	□	0点

Q6 ＋ Q7 小計	点

Q8 自己資金

選択肢	チェックマーク	点数
① 1億円以上	□	15点
② 7000万～1億円未満	□	12点
③ 5000万～7000万円未満	□	10点
④ 3000万～5000万円未満	□	8点
⑤ 2000万～3000万円未満	□	6点
⑥ 1000万～2000万円未満	□	4点
⑦ 500万～1000万円未満	□	2点
⑧ 500万円未満	□	0点

Q9 相続予定財産

選択肢	チェックマーク	点数
① 1億円以上	□	5点
② 7000万～1億円未満	□	4点
③ 5000万～7000万円未満	□	3点
④ 3000万～5000万円未満	□	2点
⑤ 2000万～3000万円未満	□	1点
⑥ 2000万円未満	□	0点

Q8 + Q9 小計	点

Q10 不動産投資に対する本気度

	チェックマーク	
① 何が何でも不動産経営を成功させる	□	5点
② できればやりたい	□	0点

Q10	点

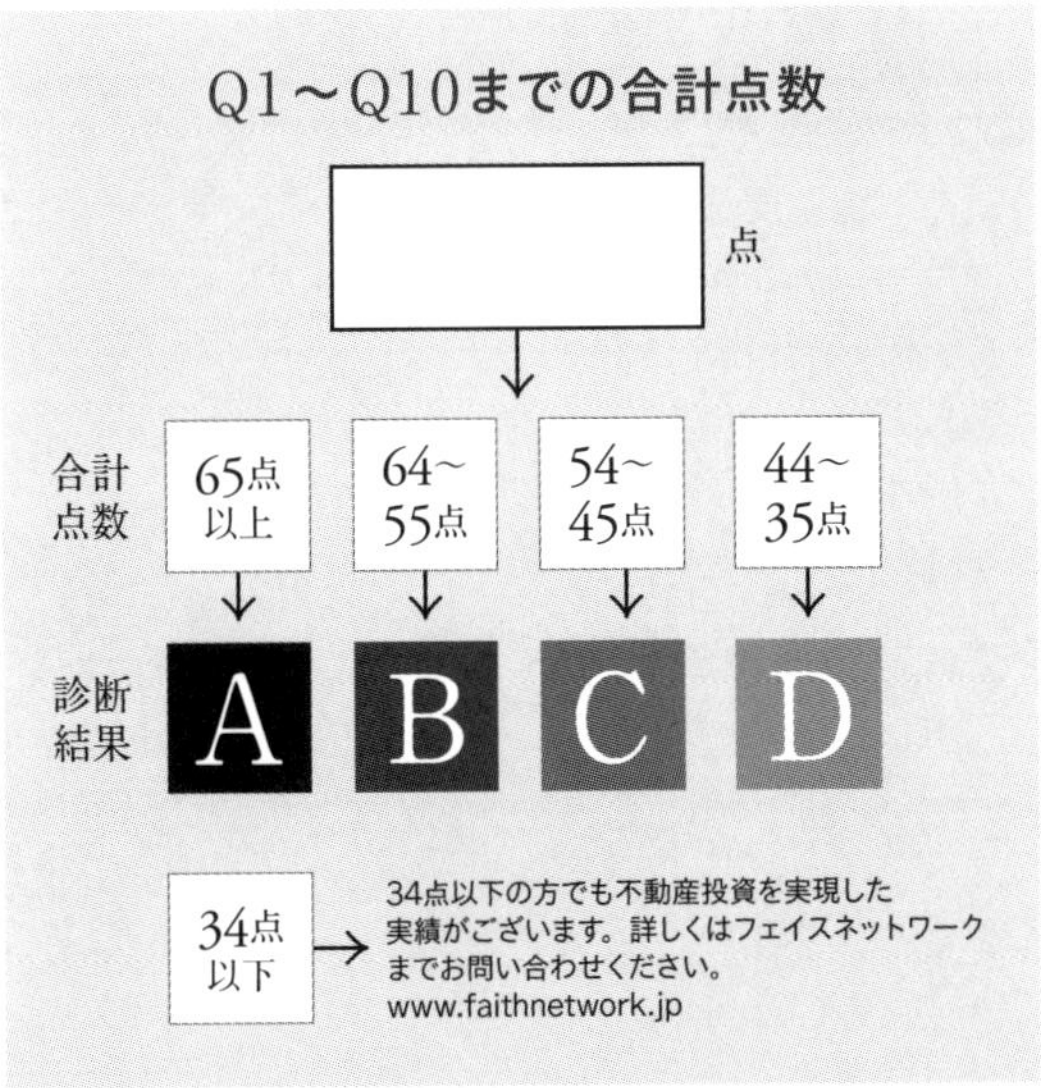

次ページでは診断結果

A B C D

から算出した不動産事業の
サンプルが見られます。

A

EBISU

SANGENJAYA

SETAGAYA

NAKAMEGURO

WAKABAYASHI

A

DAITA

SETAGAYA

B

YAKUMO

MIYAZAKIDAI

KAMINOGE

KYODO

DAITA

C

MATSUBARA

EBARA

WAKABAYASHI

HANEGI

D

TSURUMAKI

IKEJIRI

DAITA

DAITA

FAITH NETWORK Co.,Ltd
蜂谷　二郎

不動産業界嫌いの不動産会社社長が教える不動産投資で夢を叶える方法

ダイヤモンド社

はじめに

「将来、こんな夢を叶えたい」

「もっと豊かなライフスタイルを実現したい」


仕事を始めたばかりのときに立てた、これからの人生に向けてのプラン。

家族ができたとき、大切な人と一緒に話し合った、理想とする生活のあり方。

そんな忘れかけていた思いを胸の奥にしまったままでいるのならば、改めて立ち戻ってみませんか？

もう一度、将来のビジョンを描き直してみませんか？

私は、不動産投資に興味を持たれ、私どもの会社（株式会社フェイスネットワーク）にお見えになったお客様一人ひとりに、自ら最初の面談を実施しています。その数、2001年の会社創立以来、2000人以上！　その面談の場で、漏れなくみなさんにお尋ね、お話ししているのが、冒頭のようなメッセージです。

「夢？　不動産投資に何の関係があるの？」

そう疑問に思われるかもしれません。

「そんなことより、不動産投資で儲かるコツが早く知りたい！」という方もいらっしゃるでしょう。

しかし、物件の情報や、投資のノウハウの前に、あえて夢やライフスタイルについてお話しするのには、大切な理由があるのです。

ここ数年、不動産市場はミニバブルともいえる状況が続いています。

2012年末のいわゆる「アベノミクス」スタートを契機に、株価とともに不動産価格も上昇。2016年上半期首都圏のマンション全体の平均販売価格を見ても、何とバブル以来の高値水準となる5686万円を記録しています（不動産経済研究所調べ）。

特に東京では、2020年の東京オリンピック開催への期待から、その上昇幅は著しく、市場の盛り上がりを受け、リーマンショック後に落ち込んでいた賃貸物件着工戸数も、上昇トレンドへ。2015年、16年上半期の着工戸数を見ても、ともに前年および前年同期を上回る勢いを見せています（国土交通省調べ）。

さらに、マイナス金利導入も追い風となり、金融機関の個人向け融資額も過去最高を記録。2015年1月の相続税増税を機に、ブームとなった不動産（賃貸マンション）を活用した相続税対策へのニーズも旺盛のようです。

もちろん、不動産業界に身を置く立場として、市場が活況を呈し、不動産投資の裾野が広がること自体は非常に好ましいことと捉えています。

特に、資産家や地主さんといった限られた方々の資産運用手段としてだけでなく、普通の会社員、一般の方が「豊かな生活を実現させる」ためのキャッシュフローを得る手段として、不動産という資産に注目。そうした方々を融資で応援する金融機関が増えつつあることも歓迎すべきことだと思います。

ただし、危惧していることがあるとするならば、知識、経験が不足した状態のまま、不動産投資をスタートしたがために、大きなリスクを抱えてしまっている方が非常に多いということです。

そして、「残念なことに」というべきでしょう。自社の利益優先で、投資初心者の方々を間違った方向に誘導してしまうような不動産業界の関係者も少なくないのです。

例えば、「不動産投資が節税になる」という営業マンのトークなどを鵜呑みにし、「儲からなくてもいい」「赤字のほうがいい」と思っている方もいらっしゃいます。

たしかに、不動産運営に関わる費用を経費として計上し、赤字分を給与所得から差し引けば、節税は実現します。

しかし、利益の出ないアパートを持っていても、資産価値は下がるばかり。万が一の病気などの事態に遭遇し、現金を作る必要性に迫られても、売ろうにも売れない。

結果、マンション投資の赤字のみが重くのしかかるようなこともありうるのです。

「初心者なら、区分所有のマンション投資がお勧めです」と言われ、値段も手ごろだからと、先のことを考慮しないまま、ワンルームを購入するようなケースも散見されます。しかし、家賃収入からローンの返済額や諸経費を払うと、手元に残るお金はせいぜい数千〜数万円程度。そこで、入居者が出ていき、空室がすぐに埋まらなければ、たちまちゼロもしくはマイナスという状況に陥ってしまいます。

「安くて利回りが高い中古物件が一番」と言われ、購入後に想定外の修繕費負担がのしかかり、利益を得るどころか、赤字状態のまま身動きが取れなくなってしまっているような方もいらっしゃいます。

一定期間、家賃収入が保証されるという触れ込みの「家賃保証（サブリース契約）をつければ、空室リスクのご心配はいりません」などという謳い文句に乗って、何の勉強もなしに賃貸経営を始めてしまうようなこともレアケースではありません。

じつは、この「家賃保証」には、〝保証〟といいながら、家賃減額リスクが伴うカラクリが隠されているのですが、「すべてを業者にお任せ」では、数年後、空室が目立つころになって、「後悔先に立たず」ということにもなりかねないのです。

何もいたずらにリスクばかりを挙げて、みなさんを脅したいわけではありません。

ここで改めて考えていただきたいのは、一部の投機目的の方はさておき、多くの投資家の方々は、安定的な収益を得られる手段として、不動産投資に着目し、物件を吟味し、賃貸運営に乗り出そうとしたはずです。

しかし、気づいたら、言われるがままに契約を締結してしまい、そこで初めて「こんな物件を買って良かったのだろうか？」とわれに返り、当社にお見えになるような方がじつに多い。

なぜ、このような残念な事態が引き起こされてしまうのでしょう？

不動産業界に対する私の問題意識や、真の意味での「不動産投資のあり方」、具体的なノウハウについては、追い追いご紹介していきますが、ここでは不動産投資で「成功する人」と残念ながら「失敗してしまう人」の決定的な違いについて、私の考えを一つだけご紹介したいと思います。

私は、今の会社を設立前、某金融機関の融資担当として、独立開業を志す多くの方々にお会いしてきました。

融資担当というと、決算書などの〝数字〟だけを見ているイメージが強いかもしれませんが、〝実態〟は決算書だけではわかりません。〝現場〟に行ってこそ見えてくるものです。

そして、お金を融資するだけでなく、実態を見てこそわかるアドバイスを、可能な限りご提案したい。そんな思いから、店舗設計の場や建築現場などにも出向き、お客様とともに汗をかきながら事業プラン、開業準備に携わってきました。

こうして、力を合わせ、見事に繁盛店を作り上げたケースも多数ありながら、一方で努力の甲斐なく、数年後、残念ながら店舗を畳んでしまうようなケースもありました。

では、事業の失敗と成功の狭間に存在する違いとは何なのでしょう。

細かくはさまざまな要因が挙げられますが、「独立＝ゴール」ではなく、そこを基点に「こうなりたい」という具体的な夢、ビジョンがあるかないか。

これが数多くの案件、現場に携わってきた経験からの、私の考えです。

そして、不動産投資も同じではないか、と思うのです。

単純に「既存の物件を買って、あとのことは他人任せ」「儲かれば何でもいい」ではなく、不動産投資という手法で、安定的な収益を得ていくことで、どんな生活を送りたいとお考えなのか。

どんな夢を描いていらっしゃるのか。

そのシナリオを可能な限り明確にすることこそが、外野の騒音に信念をブレさせられることなく、多くの入居者に愛される物件を作り上げ、長期スタンスで賃貸経営を継続し、目指す生活を実現していくベースになりうるはず。そう考えるのです。

「何のために、不動産投資を始めたいとお考えですか？」

「叶えたいと思っていた夢を不動産投資で実現してみませんか？」

私が最初の面談で、青臭いとも思えるような問いかけをさせていただくのは、それゆえなのです。

私の仕事に対するスタンスも同じです。

土地やマンションを売ってオシマイではなく、夢を描き、新たな道に乗り出そうと決心したお客様の背中を押し、人生の伴走者としてずっと寄り添っていきたい。

その思いは、金融機関で働いていた時代も、今も、これからも一貫して同じです。

お客様の夢の実現、不動産投資のあらゆるプロセスを完璧に、ワンストップ（一括）でサポートする、事業パートナーであること。

当社が掲げる経営理念です。

そのミッションのもと、創業以来、一人ひとりのオーナーの夢を乗せた約１５０棟（２０１６年10月時点）の物件を、世に送り出してきました。

「今の仕事を早期リタイアし、新たなスタートを切りたい」

「安定的な収益を得ることで、得た時間と金銭的余裕を、家族との大切なひとときに充てたい」

「家族が争うことのないよう、スムーズな相続に向けて準備したい」

すでにさまざまな思い、将来へのビジョンを持った方々が、その目指すライフスタイルを実現、あるいは実現に向けてスタートを切っています。

次はあなたの番です。

本書では、より豊かな生活を実現するため、賃貸経営に真剣に取り組みたい方々に向け、不動産投資に向き合う際のあるべき姿勢、成功の決め手となる物件の選び方、そのコツについて解説しています。

特に、元金融マンだからこそ提供できる融資の最新情報、資金調達に関する細かいノウハウも満載です。

「不動産投資を始めたいけど、素人の私にはムリかな」と不安を抱えている方も、あきらめていただきたくない。以前の失敗から「もう不動産投資はコリゴリ」と疑心暗鬼に陥っている方も、今からでも遅くはないのです。

ぜひ本書を、ご自身の夢を探し、叶えるための契機にしていただければ――そう、心から願っています。

2016年10月

蜂谷　二郎

目次

第2章 数ある不動産投資のなかで、なぜ「新築一棟×城南3区×女性」にこだわるのか

第3章

社長の私が、ほとんどのお客様といまだに面談を行う理由

第4章 なぜ、難しいと思われる案件を実現できたのか？ 不動産投資で〝夢〟を叶えた5人のストーリー

第1章

「不動産業界が好きではない」私が、あえて不動産会社を立ち上げたワケ

あなたの不動産投資はなぜ上手くいかないのか。注意すべき7つの盲点

「数年前から空室が目立つようになりまして……。仲介業者にインセンティブ（販売報奨金）として広告費を家賃3ヵ月分も奮発して支払ったものの、この先どうなることやら……」

「利回りに惹かれて、中古物件を買ったんです。でも、予想以上に修繕費がかかるわ、借入返済はあるわで、お金が全然手元に残らなくて……」

「30年一括借上げだからと安心していたら、知らぬ間に空室が増えていて、2年目の家賃見直しで業者から減額を言い渡されました。拒否すると契約解除になると言われ、びっくりしています」

これらのエピソードは、実際に投資家の方々からうかがったリアルな声の一部です。

私は、不動産投資に興味を持たれ、当社を訪れた方々に必ず自らお会いし、面談を実施しています。その数、年間で約300人。創立以来、通算2000人超の方々にお会いしています。

年齢や職業、家族構成、年収などはさまざまですが、全体の約6割の方々に共通しているのが、「すでに物件を保有している」ということです。

つまり、多くの方がすでに立派な不動産オーナーでいらっしゃるわけですが、残念ながらというべきか。真の意味での〝不動産投資〟に成功しておられる方は意外にも少数派です。

そう、約6割の経験者のもう一つの共通項が、現在保有している物件に何らかの不安、不満を抱えていることなのです。

「このまま、今の物件を持っていて大丈夫でしょうか」

「想定では、こんなはずじゃなかったんですが……」

持っている物件が足かせとなって身動きが取れないまま、〝駆け込み寺〟にすがるかのように当社を訪れる方々の声に耳を傾けるにつれ、どうにもやるせなく残念な気持ちにならざるをえません。

なぜなら、その失敗の経緯を聞くと、同業者である不動産会社から、間違った方法論、常識を吹き込まれているケースが決して少なくないからなのです。

ブームに乗って、個人をカモにする不動産会社が増加中!?

不動産投資の手法については、「これが正解で、あれは間違い」とは一概にいえないというのも事実です。

「土地には一つとして同じものはない」ように、不動産投資のやり方は、人によっても、置かれている状況によってもさまざま。投資対象も多岐にわたります。

私がお勧めする「新築一棟マンション」を購入する方法がある一方で、「高利回りの中古物件のほうがおトク」という考え方もあるでしょう。

「いやいや、家賃収入（インカムゲイン）をコツコツ狙うより、物件の転売による売却益（キャピタルゲイン）を得るほうが手っ取り早い」という方もいらっしゃるはずです。

そして、不動産に限らず、どんな投資にもリスクはつきものです。そのリスクをしっかりと理解したうえで、ご自身が「いい」と信じる方法で、気に入った物件を購入し、保有する。あるいは売却する。そのうえで満足しているならば、私があれこれお節介を申し上げる必要はありません。

しかし、「何が自分に向いているのか、向いていないのか」どころか、不動産投資の基本中の基本さえもよくわからないまま、決して優良とはいえない物件を〝買わされて〟しまっているとしたら、話は別です。

投資はあくまでも自己責任ですが、私がお会いする個人投資家のみなさんを見ても、半数近くが初心者であり、物件を保有している方も、区分所有のマンションを1～2戸という方が大半です。

その土地のパフォーマンスを最大限に発揮し、収益性を確保するための手法、プランニングのあり方は、土地の形などによって毎回変わってきます。個人投資家の方が1～2戸（棟）を保有していても、残念ながら経験値が足りない。

「不動産投資のことは、もう十分にわかった」というレベルに達するには、まだまだと考えるべきでしょう。

つまり、率直に申し上げて、そうした個人の方々がまっさらの状態で臨んだのでは、プロにいいようにされてしまう可能性が大いにありうる。

表現は悪いかもしれませんが、誰もが〝いいカモ〟にされてしまいかねないリスクをはらんでいるのです。

十数年前と比べ、不動産投資セミナーの開催数も大幅に増加！

「不動産投資に関するセミナーにも数多く通って、勉強は積んだつもりです」

という研究熱心な方もいらっしゃると思います。

物件情報サイトなどをのぞいても、収益物件情報（じつはこうした公開情報のなかには好条件のものはほぼ皆無なのですが、その点についてはのちほど解説します）の他、不動産投資のコツを教えるセミナー情報も数多く掲載されています。

内容は、「一棟建て」「中古マンション」を投資対象とするもの、「融資のコツ」「空室対策」を教えるものなど、さまざま。主催者の顔ぶれも不動産業者、住宅メーカー、不動産コンサルティング会社など、バラエティに富んでいます。

しかし、ちらりとサイト上の情報を見るだけでも、実際に〝物件を建てた〟経験がないような、いわば評論家が講師に立つようなケースもあり、内容の有効性、正当性に疑問符がつくようなものも目につきます。

不動産業界は、とにかく流行り廃りが激しい業界です。

私が今の会社を設立した２００１年当初は、東京都心の地価も今ほど高騰しておらず、不動産投資も一部の資産家や地主さん向けの相続対策、資産形成という位置づけで、いわゆるサラリーマン大家さんと呼ばれる方も、それほど多くはありませんでした。

物件情報サイトに掲載されているセミナー案内の数も、せいぜい今の10分の１程度だったと記憶しています。

しかし、リーマンショックであらゆる投資対象が底値をつけた後、２０１２年末の

「アベノミクス」スタートを受け、土地やマンションの価格も上昇。

２０２０年のオリンピック開催を前に、特に首都圏ではマンションの平均価格が１９９１年来の最高値を記録するなど、不動産市場は過熱気味ともいえる活況具合を呈しています（不動産経済研究所調べ）。

賃貸物件の着工戸数も増加しており、２０１５年のその数は前年比４・６％増、16年についても6月までの累計で前年同期を8・7ポイント上回る数値を記録しています（国土交通省調べ）。

果たして、２０２０年まで、このブ

首都圏のマンション平均価格の推移

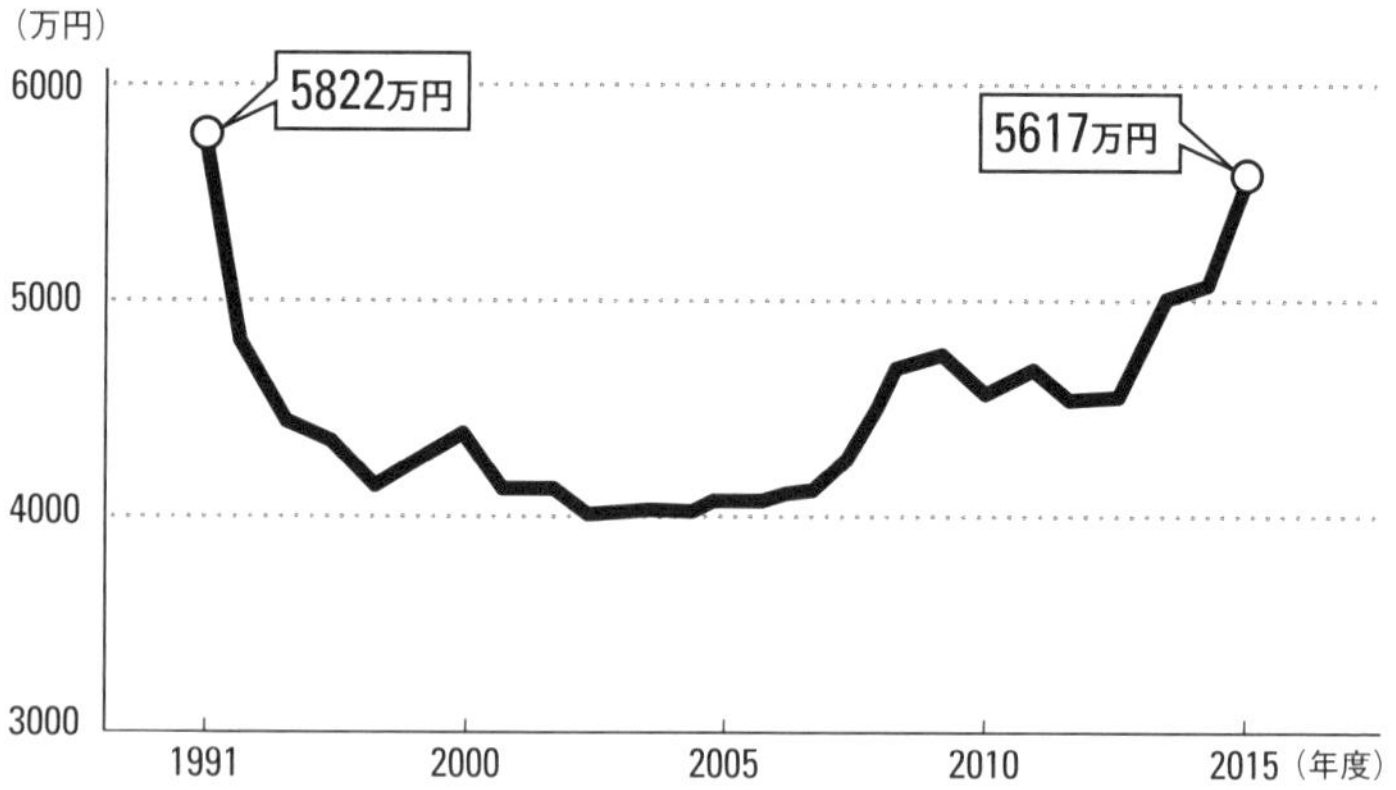

（不動産経済研究所調べ）

ームは続くのか、あるいはその数年前に腰折れしてしまうのか。

〝宴〟の正確な終焉時期は神のみぞ知るところですが、バブル再来とばかりに、ブームに乗って儲けを狙おうとする業界関係者が、あの手この手で個人投資家を集客しようと躍起になっていることだけは間違いないといえるのではないでしょうか。

「不動産業界を、あまり好きではない」と公言するワケ

そして、不動産業界に身を置き、実態を知るからこそ、あえてズバリ断言します。

残念ながら、この業界には〝お客様の利益〟より〝自社の利益優先〟で動く不動産会社も少なくないという現実です。

お客様にアプローチをしてくる不動産会社の営業マンのなかにも、「契約を取りたい」という自分勝手な都合で、投資家にとっては不利になる情報を、有利であるかのように偽り、物件を推奨してくるようなことも、決してレアケースではないのです。

本来、不動産投資は株のような〝一発狙い〟はできなくとも、ミドルリスク・ミド

ルリターンでコツコツと利益を積み上げていく投資手法としては非常に有効です。

なので、株のように一瞬にして資産を失うような大ケガを負う恐れは少ないものの、一方で多額の資金、相応の時間がかかるため、やり方を一つ間違うと、予想以上のリスクを長期的に抱えてしまうことにもなりかねません。

そして、くり返しになりますが、経験を積まない限り、いくら「本を読んだり、話を聞いたり」しても、正解がわからないというのが、この世界です。

つまり、多くの個人投資家は、自社の利益追求のためにあの手この手で物件を勧めてくる巧妙な業界のプロが目の前に現れても、文字通り〝丸腰〟で立ち向かうしかないのです。

私自身、物件情報の入手に際し、信頼できる不動産業者とさまざまなパイプを持っていますし、真摯にお客様に向き合うような営業マンも多数知っています。

しかし、たまたま良心的でない業者に出会った方にとっては、その一つの出会いが不動産業界のイメージを左右することとなります。

よって、残念な出会いをしてしまったお客様にご縁あってお会いし、業界に対する不満や不安を耳にし、(もうダマされたくない)といった疑心暗鬼の様子を目の前にするたびに、何とも心苦しい気持ちにさいなまれてしまうのです。

「正直言って、不動産業界のことを、あまり好きではないんです」

時々、セミナーなどの場で、私がそう口にすると、「?」「(笑)」といった反応をいただくことがあります。もちろん冗談めかした口調で申し上げてはいますが、半分以上は本気です。

一部の業者の話とはいえ、「お客様をカモにするようなやり方は、もういい加減にやめてほしい」「自分の力で正々堂々と勝負してほしい」と業界に身を置く立場として、心の底から思うのです。

私が考える業界の問題点については、のちのち展開しますが、不動産投資に関して、世に流布される明らかな間違いや非常識、物件情報の真贋をどう見極めたらいいのか。まずは個人の投資家の方々が、うっかり信じてしまいがちな〝落とし穴〟、じつはリスク大の投資手法、注意すべきセールストークなどについて、いくつかご紹介していきましょう。

ここにご用心❶

安くて利回りが高い中古物件がおススメ⁉

「高利回り」「中古物件」。この2つのキーワードは、どうも投資家の心をくすぐる魅惑的な言葉のようです。お客様との面談でも、

「築浅の中古で、高利回りのいい物件ってありませんか？」

と問われることもたびたび。「中古物件&利回り信仰」はいかにも根強いということなのでしょう。

たしかに1棟丸ごと買っても、3000万～5000万円と不動産投資としては手ごろな値段で購入できる中古物件なら、「私にもできそう」となりがちなのは、心情としては理解できます。

こうしたマイホーム感覚で買える手軽さに加え、確実に高利回りが期待できるのも

人気のポイントなのでしょう。

不動産業者が利回りを謳う場合、通常、年間のアパート賃料収入合計額（満室時）を、物件の取得価格で割った「表面利回り」を指します。

例えば、4000万円でマンション1棟を購入し、家賃7万円で6戸入っていた場合、年間の賃料収入（満室時）は、

7万円×6戸×12ヵ月＝504万円

で、表面利回りは、

504万円÷4000万円×100＝約12・6（％）

となります。

これが1億円の新築物件で、同じ想定賃料収入で計算すると、表面利回りは年5・04％。半分以下の表面利回りになってしまうわけです。

場所にもよりますが、「いくら新築だからといって中古の2倍の家賃は取れない」と考えると、「割安で利回りの高い中古物件のほうが成功しやすい」というセールス

トークにも、一定の説得力はあります。

しかし、いくら魅惑的に映る高い利回りであっても、注意すべきは、買った当初は〝看板に偽りなし〟として、果たして長期的に計算通りの高利回りを得られるものなのか、です。

中古物件には、新築物件にはない問題点、デメリットがリスク要因としてつきまとうからです。

中古物件のリスク1　修繕費や建て替えで多額のコストが発生することも

人間が、年齢を経るごとに外見、中身ともにメンテナンスが必要となってくるように、新築時はピカピカのマンションも、築年数を経ると、何かとお金のかかる修繕が増えていきます。

もちろん、想定外の出費が発生しないよう、「物件購入時点で建物に大きな問題点がないかどうかを、しっかりとチェックしています」という方が大半でしょうし、あとになって、「物件引渡時には気がつかなかった欠陥が見つかった」というケースでも、〝救済策〟は用意されています。

ただし、その適用が新築物件と中古物件では大きく異なる点には注意が必要です。

新築住宅の売買に関しては、売主あるいはその業者は、民法や宅建業法（宅地建物取引業法）、および品確法（住宅の品質確保の促進等に関する法律）で定められた「瑕疵担保責任」を負うことになります。

「瑕疵」とは、例えば雨漏りなどの「通常の生活に支障があるような住宅の欠陥」を指し、「雨が降って初めて、雨漏りすることがわかった」といった場合、たとえ売主に故意・過失がないとしても、瑕疵を修復する責任が発生します。

その期間は、民法では買主が瑕疵を発見した日から1年以内ですが、売主が業者の場合は宅建業法の最低ラインで物件引渡時より2年以内。

さらに品確法では、新築の基本構造部分について、引渡時から10年間、瑕疵担保責任を負わなければならないことが定められています。

しかし、築年数が経過している中古物件については、ある程度の瑕疵が発生することが想定できるという理由から、売主が故意に瑕疵を告げなかった場合などを除き、契約によっては、売主の瑕疵担保責任が免除されることも多いのです。

売主が不動産業者の場合は、買主に不利益な特約は無効とされ、民法が定める「瑕疵発見から1年以内は責任を負う」という原則に従うことにはなりますが、ケースによっては、買主自身が修復せざるをえなくなることもあります。


私が現在サポートさせていただいているお客様のなかにも、かつて築30年の一棟マンションを購入し、物件の運用を始められてから、ユニットバスの欠陥が発覚した方がいらっしゃいました。

調べた結果、修理のしようがなくユニットバスそのものを交換することになったのですが、規格が古く、同じサイズのものが流通していないため、仕方なく別注で作らざるをえなくなりました。

この瑕疵については、民法で定められる要件を満たしていないと判断され、残念ながら自腹で負担することとなりました。

その額、何と数百万円単位！　物件運用をスタートしたばかりというところで、大きなつまずきです。

また、基本構造の欠陥については、建物全体を解体しない限り、その瑕疵（欠陥）がわからない場合も多く、多大なコストがかかることにもなりかねません。

仕方なく「解体しよう」と決断したとしても、入居者が1人でも出ていくことを拒めば、それさえも思い通りにいかないこともありえます。

「問題のある中古物件を解体し、土地を売りたいが、立ち退き拒否の入居者がネックとなっている」

私の元にも、そんな情報が入ってくることがあります。数年後、物件の動向を見てみると、今だ買い手がつかず、入居者もそのまま。まさにお荷物物件が足かせとなり、何年も身動きが取れないという状況が継続しているケースも散見されます。

「資金があまりないから、安い中古物件にしよう」と安易に手を出すには、大きすぎるリスクがつきまとうこともあるのです。

中古物件のリスク2　入居者から敬遠されやすい

以前ならば、駅前のビルの1階などで必ず目にした街の不動産屋さんが減っていることにお気づきでしょうか。

今は、賃貸物件を探す際も、飛び込みで不動産屋さんに依頼するのではなく、あらかじめ不動産賃貸サイトで調べたうえで、物件を探す方法が主流となっています。

つまり、事前にサイトを見てから店舗を訪れる人が多いため、わざわざ、家賃の高い駅前や1階に店舗を構える必要がなくなっているというわけです。

そして、こうしたサイトをご覧いただくとわかるように、希望する「場所」、場所を特定しての「通勤・通学時間」「家賃相場」など、物件を絞り込むためのさまざまな検索機能がついています。さらに、「築年数」を選べたり、「新築・築浅」で絞り込めたりするようにもなっています。

昔ながらの不動産屋さんで紹介を受ける場合なら、「この物件は築年数が少したっているけど、メンテナンスがいいからお勧めですよ」などと、質のいい中古物件を担当者が紹介してくれるケースもあったでしょう。

しかし、ネットはこうした〝定性的〟な情報は拾ってくれず、単純に〝定量的〟な築年数で切られてしまいます。

「どうせならキレイな部屋に住みたいな」という多数派のニーズには合致しないものとして、日の目を見ない物件にもなりかねないのです。

特に、私どもの会社では、入居者として属性の良い20～40代の女性をターゲットに、新築一棟マンションのプランニングをしていますが、この世代の女性は、同世代の男性より家で過ごす時間が長く、快適性を徹底して追求する傾向が見られます。

例えば、バス・トイレはゆったりくつろげる仕様になっているか。キッチンなどの水まわりは機能性、デザイン性を兼ね備えているか。さらにオートロックや防犯カメラなどのセキュリティ設備が完備しているか。つまり使いやすくてオシャレ、かつ安全性をも担保された最新の設備がそろう新しい物件が好まれるのです。

進学や就職で、地方から上京する子ども向けに、親がマンション・アパートを探す場合も同様で、「大事なわが子の安全」を考え、最新の防犯設備を重視する傾向は年々強まるばかりです。

よって、部屋自体はそこそこキレイでも、設備が古いマンションでは、いくら安くても、敬遠される可能性が高い。

ネット時代においては、中古物件は新たなリスクをはらむようになっている現実もしっかり踏まえておくべきでしょう。

中古物件のリスク3　市場に出回る優良物件が乏しい

少し前に、当社で安定的に賃貸ニーズが望めるエリアと考える城南エリア（東京・世田谷区、目黒区、渋谷区）で、ＲＣ築10年以内、駅から徒歩10分以内の投資物件を検索したことがあります。

不動産取引情報提供サイト「レインズ」で引っかかったのは、利回り３％台後半のものが３件、４％台前半が３件のみ。それ以上の物件は見つかりませんでした。

すでに物件を探している方ならお気づきでしょうが、不動産投資ブームを背景に、特に築浅のものをはじめ、好条件の物件の争奪戦は、熾烈さを極めています。

しかも、いいモノは公の市場に出回る前に、すでにプロが買ってしまっているケースが多いという事実も押さえておくべきでしょう。

後述しますが、一般に出回るいわゆる〝公開物件〟は、水面下での業者間取引で引っかからなかった、いわば〝残りモノ〟。そうでなくとも一般の方が優良物件を自分の手で見つけることは非常に困難というのが現実なのです。

さて、一見すると魅力的に見える中古物件につきまとうさまざまなリスクについて指摘してきました。

もちろん、「中古物件の全部がダメ」と言うつもりはありませんし、実際にメンテナンスや賃貸募集の工夫により、成功を収めている中古物件オーナーさんも多くいらっしゃることでしょう。

ただし、これから購入を考える方向けに、大前提として申し上げておきたいのは、いくら買った当初の利回りが高くても、長期スパンで賃貸ニーズが望めないエリアの物件では意味がないということです。

「利回り重視」の方の多くは、買った時点の評価にとかく目を奪われがちです。

しかし、利回り10％の物件も、所有するうちに空室率50％となってしまうのであれば、遅かれ早かれ家賃を下げる必要性が出てきます。

ならば、入居者のニーズに合わせた最新設備を備えた新築一棟物件を建て、利回り5％でも入居率100％をキープしていったほうが、ずっとストレスもなく、長期で見ればより高いキャッシュフローが期待できます。

「それでも中古物件の購入を検討したい」という場合は、利回りの高さだけにつられることのないよう、そのエリアの賃貸ニーズ、物件のクオリティをもしっかりとチェックすることが大事です。

ここにご用心❷

地方の物件なら安価で高利回りが狙える

不動産市場の活況、需要拡大とともに、地価や建築コストが上がり続ける傾向は、少なくとも東京オリンピックが開催される2020年までは続くという見方が大勢となっています。

こうした市場動向を受け、現在、東京都心部のマンション投資の表面利回りは平均3～4％程度と、低水準にまで落ち込んでおり、「首都圏でマンション投資をしても、旨味はない」「地方物件のほうが安価で高利回りが狙える」と見る向きも少なくないようです。

ここで手の内を少し明かしておきますと、じつは東京の中心部でもエリアや業者を厳選すれば、いい土地を割安に取得し、投資効率をグンとアップさせる方法は存在します。

その詳細については、次章で解説するとして、高利回りに見える地方物件の真の実力はどうなのか。隠されたリスクはないのか。見ていきましょう。

北海道の札幌に中古の賃貸マンション1棟を保有していたお客様のお話です。

当初の利回りは15％と高く、札幌に何の縁もなかったにもかかわらず、業者の勧めで購入を決意します。ご自身は東京にお住まいでしたので、賃貸募集や管理は現地の業者に一任することとなりました。

地方都市といっても、札幌といえば北海道の人口のうち、約3分の1が集中する大都市です。場所の利便性も悪くなく、初年度は満室でした。

しかし、ほっと胸をなでおろしたのもつかの間、保有して2年目の年末、思いもかけず、続けて3戸の空室が出てしまいます。そこからすぐに入居者が決まればよかったのですが、年度末の3月まで約3ヵ月間、空室が続きます。

賃料5万円、3戸で15万円×3ヵ月＝45万円のマイナスです。投資をスタートしたばかりの時点で、ローンの返済もあるなか、痛い損失でした。

特に、地方都市の場合、1年中、安定的な入居ニーズが望めるような東京都心部の人気エリアと違い、入居者が入る時期が限定されるリスクがつきまといます。つまり、異動シーズンなど人が動く時期以外で、万が一、空室が出てしまうと、何ヵ月も空室状態が続く恐れがあるのです。

2040年までに、全国896市区町村の自治体が消滅⁉

もちろん、一概に地方物件すべてがダメと言っているわけではありません。

ご自身の出身地で実家がある、仕事で何年間か赴任した経験がある、といった土地勘や人脈がある場合は、賃料の相場や賃貸ニーズのエリア差もある程度把握できるのでしょうし、安心して任せられる地元業者の見当もつくでしょう。その場合は地方物件を検討するのもいいと思います。

しかし、その土地のことを知らないばかりか、物件さえも実際に見ることなく、不動産会社や仲介業者の言いなりで物件を購入。管理や賃貸募集も見ず知らずの地元の業者に任せっきりという方もいらっしゃいます。これは、あまりに大胆な冒険といわざるをえないでしょう。

いくら家賃保証（55ページ参照）をつけても、「気づいたら空室だらけで、揚げ句の果てに契約を解除された」といった最悪な事態も招きかねないのですから。

人口動態にも注意が必要です。

地方のなかでも、今はまだ人口が横ばいか微減状態にある中核都市でも、今後は大幅な人口減少に追い込まれる事態が遅かれ早かれ到来します。

実際、２０１４年10月１日時点の人口推計を見ても、全国47都道府県のうち、増加率が上昇した東京圏の１都３県などを除く、40道府県の人口が１年前と比べて減少しています。

さらには、「2040年までに、全国の896市区町村の自治体が、消滅の危機に直面する」――数年前、そんなデータが民間の研究機関により発表され、話題を呼びました。

内容は、20~30代の若年女性の減少により、少子化、人口減が進み、現在約1800ある自治体の半分が消滅する可能性があるというものでした。

日本全体で見れば確実に人口が減少していくという現実を前に、賃貸ニーズを探っていくには、単純に現在の人口を見るだけではなく、今後の人口増の鍵を握る現役世代の推移を見ていくことも肝要となっているのです。

ここにご用心❸

前回紹介された物件で上手くいったから、今度も成功するはず⁉

前のケースとは逆に、地方在住のお客様が、東京に購入した物件についての事例をご紹介しましょう。

地方で自営業をやっていらっしゃる方で、本業の早期リタイアを目指し、不動産投資をスタートした方です。仮に、Yさんといたしましょう。

朝一の新幹線でわざわざお見えになったYさんの話を聞くと、以前、東京の不動産業者の紹介で、東京の某エリアに当初約5％の利回りだった区分オフィスを購入し、その後の価格上昇により、売却で約1500万円の利益が出たといいます。

「東京の不動産ってスゴいなあと思って、数ヵ月後、勧められた別エリアの区分オフィスを買ったんです。それが……」

顔を曇らせるYさん。話の続きを促すと、利回りは3・5％。東京の区分オフィスではありえない低水準です。

「不動産業者は、次の家賃更新時に、家賃の値上げ交渉をするので、そうすれば資産価値が上がって、もうちょっと高く売れるはずと言うんですが……」

客観的なデータを基に、将来的に「値上がりする」「家賃上昇が望める」「賃貸ニーズが恒常的に期待できる」と考えるならば別ですが、憶測の期待ほど危ういものはありません。

「今の段階でも、すでに割高水準で、ここからさらに家賃が上がるとは考えられません」

そう私はお答えし、傷口が深くなる前に、1日でも早く売却することをお勧めしました。

Yさんは、少し迷っていらっしゃる様子でしたが、私どもに洗いざらい話をして、踏ん切りがついたのでしょう。

新幹線で地元に戻られた翌日、売却に踏み切りました。結局、500万円の赤字となりましたが、恐らく、のちのちになって「痛手が少なくて良かった」と思っていただけるものと考えています。

根も葉もない〝おとぎ話〟〝噂話〟を信用してはいけない

Yさんに限らず、明らかに「早く売ったほうが良い」と思える物件でも、なかなか決断がつかない方が意外に多いのは、「失敗を認めたくない」という意識が働くのと、1回目の売却で成功したがために、つい「同じ業者で再び夢を」となってしまうからではないでしょうか。

博打をやめられない人が、「大儲けした経験が忘れられない」と口にすることがありますが、「たまたま万馬券が当たってしまったがために、やめられない」ということなのでしょう。

しかも、こうしたお客様の話を聞いていると、その業者自身が謳っているのか、大家さんの会などのコミュニティで耳にされたのか、

「あの会社はいいという評判なんです。だから、今は損していても、少し待てば絶対に上がって儲かるはず」

といった、客観的な根拠が見当たらない、いわば〝おとぎ話〟に踊らされているようなケースも散見されます。

こう申し上げると、失礼かもしれませんが、どうも「儲かる話」に弱い方ほど、得てして危うい物件を紹介されてしまうケースが多いようにも感じます。

業者も〝同じ匂い〟を感じるのでしょうか。「一発当てたい」といった投機目的の方ほど、よろしくない業者のターゲットにされやすい傾向もあるように思うのです。

何度もいうように、不動産投資は、実際にやってみないことには、わからない世界

です。そして、一度成功した手法が、別の物件で上手くいくとは限りません。その時代、その人の属性、置かれている状況によっても、正しいやり方は変わってくるものなのです。

私どもでは、不動産投資を検討したいという方に、必ず当社で過去に手がけた物件を実際に見学していただき、ご自身が目指す投資スタイルや物件についてのイメージを具現化していただくようにしています。

くれぐれも業者が口にする「絶対に儲かります」といった根も葉もない〝おとぎ話〟や、ご自分の目で確認したわけではない〝噂話〟には近寄るべからずと心得ましょう。

ここにご用心❹

空室を埋めるには、ＡＤを奮発するべし⁉

ＡＤという言葉をご存じでしょうか？

念のために申し上げると、テレビのバラエティ番組などで、時折イジられたりする

ＡＤ（アシスタントディレクター）とは違います。ＡＤとはadvertising（アドバタイジング）、つまり英語で広告（料）を指す略語ですが、賃貸経営でいうＡＤとは何なのでしょうか。

賃貸経営のノウハウを伝授するようなサイトを見ると、

「空室を埋めるには、仲介業者にＡＤを2～3ヵ月分支払うのが効果的です」

といった指南を目にすることがあります。

仲介業者とは、賃貸物件を借主に紹介する業者を指しますが、物件を紹介した際、一般的に、その成約の報酬として貸主、あるいは借主から仲介手数料を受け取ることになります。

貸主と借主のどちらが負担するか、あるいは分担する場合の割合はケースバイケースですが、トータルの額は、宅建業法で、家賃の１ヵ月分が上限と規定されています。

その一方で、「依頼者からの広告などの要請があった場合、その広告費も併せて請求できる」という規定もあり、業界では借主あるいは貸主から仲介手数料をもらい、加えて貸主から１ヵ月分のＡＤ（広告料）をもらうことも常態化しています。

別途、広告を作ったり、配ったりしなくても、物件を紹介したインセンティブ（販売報奨金）として支払われるケースも少なくないのです。

よって、空室を埋めたいと考えるオーナーさんのなかには、積極的にＡＤを奮発するケースもあり、2〜3ヵ月分のＡＤを恒常的に徴収しているような仲介業者も存在します。

その他にも、あからさまに「Ｂ（バックマージン）」を得ているような業者も存在し、業者用の物件の図面下には暗号のように「ＡＤ２００％」、あるいは「Ｂ１００％」といった情報が並んでいるといった実態も。

つまり、これを見れば、どの物件がより高い手数料を得られるかが丸わかりというわけで、なかには物件の図面よりも、その下ばかりを見ている業者もいるとか、いないとか……。

仲介業者すべてが、借主の意向にかかわらず、「ＡＤやＢが高い物件を優先的に勧める」とはいいませんが、同じような条件の物件があれば、「より手数料が高い」物件を優先するようなことは、ありえない話ではないと思います。

43ページで紹介した札幌の物件を保有していたお客様のケースでも、空室があまりに埋まらないため、泣く泣く「AD3ヵ月分を払う」ことを了承したといいます。

これでは、不動産屋さんが儲かるために不動産経営をしているようなもの。〝いくら空室を埋めても、手元にお金は残らず〟では、不動産投資をしている意味さえもわからなくなってしまいます。

〝不動産業者のための不動産投資〟に陥るべからず

話が少し離れますが、例えば保険商品については、複数の会社の保険商品を扱う乗合代理店のいわゆる「保険ショップ」への規制が強化されています。

従来、保険ショップは相談料無料で、各社の商品を比較できる「公平・中立」なサービスが受けられるのを売りに、支持を集めてきました。

しかし、保険ショップの収益源は、ほかの代理店同様、保険会社から受け取る販売手数料であり、保険会社の手数料は、会社によっても、商品によっても異なります。

また、販売額が目標を上回ると、保険会社が上乗せの手数料を支払うケースもあるとか。

相談者が望む条件で、ほぼ同じような商品があれば、意識的か無意識的か、「最も手数料率の高い保険」を売ろうという心理が働いてしまうのではないか。そんな、顧客の不信感の広がりを受け、金融庁のメスが入ったのです。

では、不動産業界の手数料の受け渡しを媒介とするいわば〝もたれ合い〟のようなシステムは、今後どうなっていくのか。

ネットで不動産情報をチェックするのが主流になった今、こうしたやり方は遅かれ早かれ時代遅れになるのでは、と私は考えています。

そして、ＡＤを支払わなくても、しっかりと賃貸ニーズがあるエリアを選び、多くの人に「住みたい」と思ってもらえる物件を建てれば、空室リスクに悩まされることはないのです。

「不動産仲介業者のための不動産会社には、絶対にならない」

これは私が会社設立時に決意したことです。みなさんも、「不動産業者のための不動産投資」にならないよう、ぜひ心してください。

ここにご用心❺

サブリース契約にすれば、空室の心配もなくて、安心！

多くのオーナーさんにとって、空室＝最大のリスク要因であることは間違いないでしょう。その不安につけ込むかのように、

「空室リスク？　家賃保証をつけますから安心です」

営業マンからそう持ちかけられても、鵜呑みにするのは危険です。

まずは、家賃保証の仕組みからご紹介しましょう。

「サブリース」「一括借上げ方式」とも呼ばれる同制度の仕組みは、簡単にいうと、建物の管理を請け負う管理会社やサブリース会社が一括借上げし、空室が出ても家賃を保証するというものです。

「空室がご心配ならば、30年一括借上げをご用意しておりますので安心です」

といった聞こえのいいセリフを耳にすれば、

「素人の私でも大丈夫かもしれない」

と、グッとハードルが下がった形で賃貸経営に乗り出す方が増えるのはむしろ当然のことかもしれません。

ただし、冷静に考えてみてください。

空室のリスクがなく、家賃収入が永続的に保証されるようなそんな美味しい話があるわけがありません。サブリース業者にとってもメリットがなければ、ビジネスとして成立するわけがないのです。

では、いわゆる「家賃保証」の裏にはどんなカラクリがあるのでしょうか。

「家賃保証」といっても、家賃減額リスクも大！という実態

1つ目の注意点は、一定期間ごとに賃料見直しが実施されることです。

家賃〝保証〟という言葉から、「保証期間中は最初に決めた賃料水準が続く」と誤解しがちですが、そうではありません。保証期間は一般的に10～30年程度ですが、たとえ期間中であっても、家賃の見直しが行われ、業者から値下げを求められることも

ありうるのです。

じつは、契約書をよくよく読むと、

「賃貸市場の動向などに応じて家賃を2年ごとに見直す」

といった規定が盛り込まれていることがあります。

正直な不動産会社であれば、相場の変動に応じた適正な見直しを実施するかもしれませんが、自社の利益優先のサブリース会社の場合、相場の動向にかかわらず、2年ごとに家賃の引き下げを求めてくる可能性もあります。

「30年一括借上げ」「家賃保証」といった言葉から連想するイメージとは裏腹に、賃料引き下げのリスクが定期的につきまとうというわけです。

2つ目の注意点として、契約内容によっては、業者が一方的に契約を解除することが可能ということです。

契約に「賃料減額は賃料保証会社とオーナーの〝協議のうえ〟に実施する」とあれば、オーナーは賃料引き下げの要求を拒否することは可能です。

とはいえ、「協議が調わない場合、本契約の期間途中であっても、オーナーあるいは賃料保証会社は、一定期間ののちに本契約を終了させることができる」という項目があれば、一方的に契約を破棄されることもありえるのです。

3つ目として、家賃保証から手数料が差し引かれるとともに、建物が完成しても、すぐに賃料収入が得られるわけではないことにも注意しましょう。

家賃保証の契約を結ぶと、サブリース業者が入居者を募集しますが、オーナーへの賃料の支払いの開始時期は、建物完成後、1～2ヵ月後が一般的です。

この期間を「賃料免責期間」といって、実際は家賃収入があっても、オーナーに賃料は支払われません。

4つ目として、手数料の他に、オーナーにはさまざまな費用負担がかかることも覚えておきましょう。

入居者がなかなか決まらずに、空室が目立つようになると、まだ物件が新しいにもかかわらず、頻繁に修繕や改装を要求されることもあるのです。

ここまで読むと、家賃保証という言葉の響きに反し、決してオーナーにとって安定収入を保証するメリットが多い制度とはいい切れない実情が見えてくると思います。

念のため申し上げると、家賃保証を全面的に否定する気はありません。

「万が一の保険のために家賃保証してほしい」という方もいるでしょうし、「地方の物件なので、業者に一任したい」という場合もあるでしょう。金融機関で融資をつける条件として「サブリース契約」が求められるケースもありえます。

しかし、契約を結ぶ際には、メリットとデメリット、および契約の全容をしっかりと押さえることが大事です。

ちなみに、私どもの会社では、基本的にお客様の物件についてサブリース契約の締結は実施していません。なぜか？　それは単純に、家賃保証の必要がない、つまり空室リスクが低い物件だからです。

しっかりと収益を上げられるような〝家賃保証いらず〟の物件を建てることが不動産投資の大前提と心得て、くれぐれも「家賃保証をつけるから安心」といった言葉につられないようにしましょう。

ここにご用心❻

相続税対策だから、儲からなくてもいい

不動産業界にはさまざまなプレイヤーが存在し、それぞれ専門分野を持っています。ここでは、マンション・アパート建設を事業のゴールとする、住宅メーカーや工務店について触れておきましょう。

近年、住宅メーカー、工務店業界に、ある法律改正により、〝神風〟ともいうべき追い風が吹きました。

２０１５年、施行された相続税法の改正です。

相続財産から差し引ける基礎控除額の大幅減、最高税率の引き上げなどを主な内容とする実質的な増税で、この改正により相続税課税対象者が大幅に増加するといわれました。

実際、財務省や東京国税局が公表しているデータを見ると、税制改正前は全体（死亡者）の４・２％程度だった相続税対象者が、全国では６～７％に増加するといわれ、

特に相続財産の半分近くを土地が占める日本にあって、地価の高い東京圏では20％近くにまでアップするという試算も明らかにされました。

こうして、今まで「相続税なんてカンケーない」と考えていた人たちの不安をあおるような形で、メディアなどでも相続税対策特集が組まれ、セミナーが開催されるなど、一躍ブームが湧き起こったのです。

ここで住宅メーカーらに〝神風〟が吹いたというのは、不動産を活用することで、相続税の節税が実現するからです。

例えば、一軒家をお持ちの方に、住宅メーカーの営業マンが、一時期、よく提案していたのが、自宅と賃貸を併用する「賃貸併用住宅」の建設でした。

賃貸併用住宅のメリットとしては、

①家賃収入を住宅ローンの返済に充てられる

②賃貸部分の建物・土地については、（相続税の額を決める）相続税評価額が減額される

という2点が挙げられます。

②について補足すると、1億円の更地の場合は、相続税評価額は1億円のままですが、そこに賃貸物件を建てると、土地は約20％の評価減、その敷地に建てた賃貸物件は建築費の約60％の評価減となります（減額割合は諸要件によって異なります）。

賃借人の借地権と借家権が生じるため、自由に土地や建物の売買ができないゆえの措置であり、賃貸併用の場合も、自宅との割合によって、評価減が受けられます。

さらに、借入れをした場合は、その借入金も資産額から差し引くことができるため（債務控除）、相続財産を減らすことができ、結果、節税につながるというわけです。

また、自宅部分を二世帯住宅にすれば、同居している子どもが家を相続する際に、評価額を最大80％減らせる特例（小規模宅地等の特例。２０１５年１月１日以降の相続の場合は３３０平方メートルまで）も適用可能となります。

自宅部分の比率などによっては、より低金利の住宅ローンで融資を受けられるケースもあり、「賃貸併用住宅により、相続税評価額の圧縮と、家計の負担軽減が実現できる」手法として、住宅メーカーのＣＭなどでも盛んに宣伝され、注目を集めました。

円満相続をも見据えたプランニングができる業者は少数派

「相続税対策になり、賃貸収入も得られれば、まさに一石二鳥です。低金利や年金不安への対抗策として、リタイア後の生活資金の足しにもなりますよ」

これが、賃貸物件を建てる側の常套句ですが、ここで見落としてはいけない大事なポイントがあります。

それは、果たして長期的に入居者を獲得できるかどうかです。家賃収入推移のシミュレーションを基にローン返済プラン、収支計画を立てたところで、そもそも賃貸ニーズが低い場所では、入居者も集まらず、当初の計画は絵に描いた餅で終わってしまいかねません。

遊休地を持っている土地オーナーに対する、「更地に賃貸マンションを建てれば、相続税評価減になりますよ」といったアプローチも同様です。

相続税対策として、建物と土地の相続税評価減のシミュレーションにはウソはないとしても、「家族構成はどうなのか」「子どもがそれぞれどこに暮らしていて、どのような経済状況にあるか」などによっても、あるべき対策は変わってきます。

例えば、子どもが複数人いて、めぼしい財産がその賃貸併用住宅以外にない場合、一つの家をめぐり、誰が引き継ぐか、家を相続できない相続人にはどう手当てをするのかが相続の〝争点〟になります。

そして、「ウチは、仲が良いからモメることはない」と思っているような家族ほど、相続となると円満に終わるケースは少数派なのです。

また、相続税対策として、借入額を相続財産から差し引ける債務控除効果が、最大限に発揮されるのは、借入れ直後であり、債務の返済が進めば、効果は薄れてきます。

無論、マンション・アパートを建てるのが仕事の住宅メーカーや工務店は、建てた後の賃貸経営や相続税対策のメンテナンスまでは面倒は見てくれません。

「建物を建てる」だけを目的とするアプローチに注意！

そして、多くの住宅メーカーが、地主さんと呼ばれる資産家をターゲットとするのは、言い方は悪いですが「労を少なくして、儲けを得られる〝良いお客様〟だから」

といってもいいでしょう。

土地をお持ちの方なら、融資もすんなり下り、既存の土地に建物を建てればオシマイ。物件情報を集め、吟味し、より良い条件で仕入れたりといった手間も不要です。

しかし、じつのところ、私どものプロジェクトで、いわゆる地主さんがすでに持っている物件（土地）にマンション建設をご提案したケースは一例もありません。

賃貸ニーズが望めないと判断したら、その土地を売却し、より空室リスクが少ない東京都心部で土地を仕入れたうえで、マンションを建設する〝事業替え〟（資産組み換え）を必ず実施しています。こうした提案ができるのは、私どもが賃貸ニーズを望めるエリアの物件（土地）情報を多数持ち、その確保から建物の設計、建築まで一手に実施しているからなのです。

もう一度申し上げます。賃貸需要を無視した形で、安易に「建物を建てる」だけを目的とするアプローチには、注意を払うようにしましょう。

「ワンストップサービス」こそが、利益を最大化し、不動産投資の〝全体最適〟を実現する究極の仕組み

ここまで不動産投資に取り組むうえで注視すべきポイント、「君子危うきに近寄らず」のアプローチなどについて解説してきました。

では、なぜ、この業界では〝お客様＝収益源〟というスタンスで、自身の利益を追求するようなビジネスがとかくまかり通りがちなのでしょうか。

その最大の理由の一つに、「売り切り御免」のビジネスモデルが挙げられるのではと、私は考えています。

業界用語で、「お化け札」という言葉があります。

東京都心部を中心に土地の価格が急上昇しているのは、すでに触れた通りですが、こうした売り手市場を受け、近年、入札制度で最低落札価格を決め、土地が売り出されるケースが増えています。

そして、入札の場で、近年目立つのが「お化け札」。業界で〝エンド〟と呼ばれる個人のお客様が買う価格より、明らかに高い金額を提示した、その金額そのものを指します。

普通に考えれば、〝めったに遭遇しない〟ような高い価格水準のため、「お化け札」と呼んでいるわけです。

当社には、数多くの物件情報、そのなかでも一般には公開されていない非公開物件（143ページ参照）情報が毎月400～450件ほど寄せられますが、価格水準や投資効率など、諸条件をしっかり吟味し、その基準に見合わないものには決して手を出すことはありません。

例えば、2016年春、世田谷区の某エリアで、1億2000万円で売りに出された物件がありました。利便性の高い土地とはいえ、かなりの高額です。

しかし、そこに申し込みが殺到したのを受け、結局、売主は売り止めといって、販売を一旦休止。4ヵ月後に、さらに3000万円アップした1億5000万円という強気の値段で再度売りに出されたのですが、これが驚くことに即買い手がついたのです。

数ヵ月で、数千万も値上がりをするとは、まさにこれぞ「お化け札」価格というべきでしょう。

物件を売り急ぐ営業アプローチに隠された本音とは？

では、なぜ、そのような法外に高い「お化け札」を提示されてでも、土地を入手する業者が存在するのか。

最大の理由が、先に触れたように、業界の「売ったら終わり」、いわば「売り切り御免」のビジネスモデルにあります。

バブルのころ、土地を左から右へ動かす（転売する）だけで儲ける、いわゆる〝土地転がし〟といった言葉が流行ったのを覚えている方もいらっしゃるでしょう。

このように、不動産業者の基本的なビジネスの仕組みは「土地を仕入れ、販売し、手数料を得る」のくり返しです。

手数料商売だからこそ、「売って、買って」を何度もくり返したほうが、利益になる。逆にいえば、「お化け札」を提示されてでも、物件を入手しない限り、ビジネスは成り立たないわけです。

当社の場合は、物件を仕入れた後、後述するように、収益性の高い建物を建て、賃貸募集、管理まで請け負うため、最後まで「責任を持てる」物件しか取り扱うことができません。

ですから、先に触れたように、割高な物件には、手を出さない。

いや、お客様の利益の最大化をサポートするためにも、手を出せないのです。

「今、この物件を逃したら、これほどの好条件の物件はなかなかありません」

「購入希望者がお待ちですので、手付金だけを先に打ってください」

物件の争奪戦が熾烈さを極めているのは事実としても、お客様の話を聞くのもそこに、このようなトークとともに億単位もの物件を「売り急ぐ」営業アプローチには注意が必要です。

その裏にあるのは、お客様のためというよりも、早く売って利益を確定したいという業者都合の思いにほかならないと推測されるからです。

粗悪な物件の裏にある〝職人さん泣かせ〟という業界の構造

自社の利益追求のビジネスが散見される背景として、建設業界の構造的問題についても、触れておきたいと思います。

35ページで、物件に欠陥があった場合の「瑕疵担保責任」について解説しました。その後も、いわゆる姉歯事件と呼ばれる構造計算書偽装事件が起こり、2007年、新たに特定住宅瑕疵担保責任の履行の確保等に関する法律（住宅瑕疵担保履行法）が誕生。近年も、マンションの杭打ちデータ偽装が明るみに出るなど、欠陥住宅に関する事件が後を絶ちません。

こうした事態を受け、建設業界では瑕疵に関するチェック体制が一層の厳しさを増していますが、そもそもこうした問題がなくならない根底にある要因は何なのか。

いわゆる〝下請けイジメ〟とも呼ばれるような、実際の各施工に関わる専門の職人さん泣かせのような実態が、いまだに根強く残る業界構造にも、その一因があるのではないでしょうか。

欠陥住宅とまではいかなくとも、同じ築年数でも、新築同然に見えるような建物もあれば、逆に築年数以上にずいぶんくたびれた中古物件に見える建物もあります。あるいは、新築のときは良くても、数年もたつと、壁にヒビが入ったり、水まわりに不具合が出たりと、頻繁に修繕が必要となってくるような物件もあります。

物件の価値、施工責任は、竣工後、数年を経てからこそ、問われるものだと思います。

そして、数年後、小さな欠陥が現れてくる要因は、外観から見えないところ、つまり基礎部分に問題があるケースが大半です。

その〝ちょっとした手抜き〟の原因と責任の多くは、実際に施工を担当する業者さんに仕事を発注する元請け側にあるとみなされます。

例えば、自社内に施工部門を持たない不動産会社の場合、設計力も建築工事の技術・知識もない。加えて、工事のコスト管理のノウハウもないというケースが大半でしょう。
よって、設計や施工の工夫で正当に建物原価を下げるのではなく、工事を担当する工務店や業者さんの発注単価を一方的に下げ、その値下げ分を負担させているようなことも決してありえない話ではないのです。

受注側の工務店の多くは、今後の仕事の付き合いを考えるなら、たとえ単価を下げられても、工事を請け負わないというわけにはいきません。結果、少ない工事代金のなかで、人件費および自社の利益を確保するためには、最低限のレベルで工事を進めざるをえないこともあるわけです。

業界の一部の動きとはいっても、「高い技術を持つ職人さんが報われてこそ、いい物件ができる」と考え、働く人たちの環境改善を一番に、取り組みを進めている私どもからすると何とも考えられない、情けない事態です。

お客様の〝全体最適〟ではなく、自社の利益という〝部分最適〟を優先⁉

ここまで見てきたように、不動産ビジネスが業務ごとの分業体制になっていることも、どうしても〝全体最適〟ではなく、〝部分最適〟で進んでしまいがちな業界の風潮につながっているようです。

しかも、〝最適〟といってもお客様の満足度、利益ではなく、それぞれの会社のビジネスにとっての〝最適〟を追求するような会社が存在してしまう。つまり、

・不動産会社は土地を売買する
・設計事務所は設計プランを立てる
・住宅メーカー、工務店は家を建てる
・管理会社は、管理業務で手数料を得る
・不動産仲介業者は、仲介手数料で儲ける
・コンサルタント会社は、コンサルフィーで儲ける

といった具合で、日々の業務に追われ、それぞれの役割と利害内のみで会社も担当者も動いてしまうため、ほかの工程、あとのことは「われ関せず」という構図が生まれてしまうのではないか、と考えるのです。

前述した通り、私は、今の会社を設立する前、某金融機関で融資担当をしていました。融資担当というと、デスクで数字（決算書）とにらめっこをしているイメージがあるかもしれませんが、その点では、私は融資担当らしくない融資担当だったようです。日々、独立開業を目指す方や、賃貸物件運営を志す方の元に出向いては話を聞き、設計事務所にも同行し、一緒にプランを考える。

建築がスタートすればヘルメットをかぶり、工事現場へ日参するなど、アウトドア派（？）ともいうべきちょっと変わった金融マンでした。

お客様と設計事務所で一緒に打ち合わせをするなか、夢中になりすぎて、気がついたら4時間以上が経過。社内で「蜂谷がいなくなった」と捜索願（笑）が出されたこともあるほどです。

今の不動産および不動産投資に関する実地の知識やノウハウも、まさにその現場で学んだものです。あれこれ首をつっ込んでくる金融マンの若僧に、現場でさまざまなことを教えてくださった方々には感謝の言葉しかありません。

だからこそ、業界を俯瞰した際に、浮かび上がってくる問題点をそのまま看過できないのです。

例えば、金融業界を見ても、金融商品取引法の強化により、説明責任やリスク情報の公開などが厳格化されています。

世界的なビジネスの潮流を見ても、コンプライアンスの徹底、カスタマーファーストの姿勢なくして、自社の利益を追求しようにも、もはや顧客および社会の支持を得られないという時代が到来しています。

そうした流れがあるにもかかわらず、不動産業界だけが旧来のやり方に安住していられるわけがありません。

金融機関を辞め、あえて不動産業界での独立を決意したのは、お客様の夢をより長期でサポートするとともに、業界の悪いビジネス慣習を駆逐したい、そんな思いからだったのです。

ワンストップなら、労力、コストを大幅にカット！

では、多くの方が安心して不動産投資に取り組み、成功できるような環境づくりには何が必要となるのか。私ができることは何なのか。

考え抜いた結果、会社のミッションとして掲げたのが、「賃貸マンション投資におけるあらゆるプロセスをワンストップ（一括）でサポートできる事業パートナー」になることでした。

一般的に不動産投資には、多くのプロセスが存在し、それぞれのフェーズに多数の業者が関わることになります。

例えば、新築マンションを建て、運営するには、大まかにいっても、

1土地購入→2設計→3建築→4賃貸入居者募集→5物件管理

というプロセスがあり、それぞれを不動産業者、設計事務所、施工会社、仲介業者、管理会社が担当することになります。

各社が、プロとして各自の専門分野についてしっかりとしたノウハウと知識を備え、役割を全うしてくれれば問題はありません。

しかし、ここまで見てきたように、自社の利益重視でオーナーさんを間違った方向

に誘導するような業者も少なくありません。

また、分業体制ゆえに、物件の欠陥など、何らかの問題が起こった際に、責任の所在が不明瞭になってしまうようなリスクもあります。

あるいは、万が一、いい業者を見つけることができたとしましょう。

それでも、複数の業者と別々に交渉を行い、業者間の意思疎通をはかったりする作業には膨大な時間と労力がかかります。

加えて、各プロセスにおいて、各業者の利益が上乗せされた報酬を支払わなければならないため、結果、想定していたより「予算をオーバーしてしまった！」ということもありえます。

このように机上の勉強だけではとてもカバーできない専門知識や経験が必要とされるうえに、面倒なプロセスや時にタフな交渉ごと、予算管理がつきまとうことも、一般の方が不動産投資にトライする際の大きなハードルとなるのです。

では、これらのプロセスをすべてワンストップでサポートしてくれる、事業パートナーを味方につけられたとしたらどうでしょう？

日々、忙しいという方にとって、不動産業者、設計事務所、施工会社をあちこち回る労力、時間を大幅にカットすることができます。

気になる予算も、一つの会社に対して支払えばよいので、中間コストを大幅に削減できるとともに、〝明朗会計〟が実現。建設のオプション費用や諸経費、手数料など、余計かつ不明瞭な追加料金が発生するリスクもなくなります。

事業プランの作成から関わるからこそ、最適な融資を引き出せる

また、ワンストップサービスには、プロジェクトを開始する時点で、事業プランを確定し、それを金融機関からの資金調達に反映できるというメリットもあります。

詳しくは、第3章でご紹介しますが、融資にはさまざまな基準があります。

しかも金融機関、支店、担当者によっても重視する基準、稟議の上げ方も異なってくるという、一般の方々にとっては、内容をうかがい知れないブラックボックス状態にあるといってもいいでしょう。

さらに経済情勢や金利動向が変わるたびに、融資基準も頻繁に変更され、「半年前であればＯＫ」だったのが、「突然ＮＧ！」となるようなこともありえるのです。

そして、金融機関のチョイスをはじめとし、いずれの選択肢が最適なのかは、オーナーさんの属性やライフプランはもちろん、物件の収益性や担保価値といった、プロジェクトの規模、内容によっても大きく異なってきます。

融資の審査を受けるスタート時点で、プロジェクトの内容がクリアになっているのか。加えて、その中身と将来的なシナリオを、説得力ある形で融資担当にプレゼンできるかどうかが、融資を引き出すキモとなるのです。

現在、当社では土地の仕入れ・ファイナンス・設計・建設・賃貸募集・物件管理・物件売却、さらには税金対策に至るまで、すべてをワンストップで行っていますが、設立時は不動産・不動産投資コンサルティング業としてのスタートでした。

清掃業、不動産管理業については、追って同年にスタートしたものの、設計部門、施工部門については、当初、パートナー企業とタッグを組む形で、実践していたのです。

しかし、私はすぐに気づきました。

（これではお客様を守ることができない）

例えば、土地情報を得て、早期に仕入れを検討すべく、「急ぎで設計プランを立ててほしい」と、設計事務所にお願いしても、

「今は設計士が手いっぱいで、プランを出せるのは2週間後になります」

などと言われるようなこともたびたび。そんな悠長なことをしていては、いい物件はあっという間に逃げてしまいます。

また、設計プランが完成、融資も無事に下り、施工段階となったところで、

「現場監督がつかまらない。当初の予算より３０００万円上乗せしてくれないとウチでは受けられない」

などと言われてしまうこともありました。

さまざまな不動産業者から施工を請け負っていれば、働き手を確保するのも難しく、案件によって対応に差が出てしまうのも仕方がないということなのでしょう。

しかし、融資が下り、土地を購入した時点で、お客様には利息支払いの負担も発生します。

業者の都合で、設計や施工に想定以上の時間がかかっていては、ベストのタイミングで、お客様に物件を提供できず、当初の事業計画、ひいてはライフプランさえも大きく狂わせてしまうことになりかねません。

お客様を守る。つまりお客様の利益の最大化をはかっていくためには、一つのプロジェクトに関わる人間すべてが同じ方向を向き、ミッションを共有していく必要がある。

そう考え、会社設立後、新たに加えたのが一級建築事務所。そして施工会社という2つの看板でした。

こうして、ワンストップサービスを実現することで、2003年、文字通り自社ブランドの物件として誕生したのが、「Granduo（グランデュオ）」です。

RC（鉄筋コンクリート）造をメインとし、独自設計だからこその、こだわりのデザインと機能性、セキュリティを実現した新築一棟投資用マンションで、現在、当社のメインブランドとなっています。

約1年で、新築一棟マンションオーナーになれる！

私たちが、なぜ「新築一棟マンションにこだわるのか」については、後述するとして、ここでは実際にどのようにプロジェクトが進んでいくのか。ワンストップサービスの具体的なフローについて、ご紹介しましょう。

1　ヒアリング・個別面談

まずは、お客様の夢やご要望をじっくりとおうかがいします。「不動産投資でどんな夢を叶えたいか」「どんな生活を手に入れたいとお考えなのか」ここをクリアにすることが、不動産投資の成否を分けるカギとなります。

2　過去案件のご案内

面談後、当社で過去に手がけた物件を、ご見学いただきます。お客様の「こんな物件がいいな」というイメージを、リアルに具現化していただくための大事な工程になります。

3　土地調査

毎月400～450件あまりの一般には出回っていない物件（非公開物件）情報が集まってきます。非公開物件についての詳細は、次章に譲りますが、大量の物件情報を収集、吟味したうえで、ご紹介できる敷地の調査を実施します。

さらに、敷地の立地条件や法的制限を基に敷地を有効活用した建物のプラン（ボリューム設計）を作成していきます。

ワンストップサービスフロー

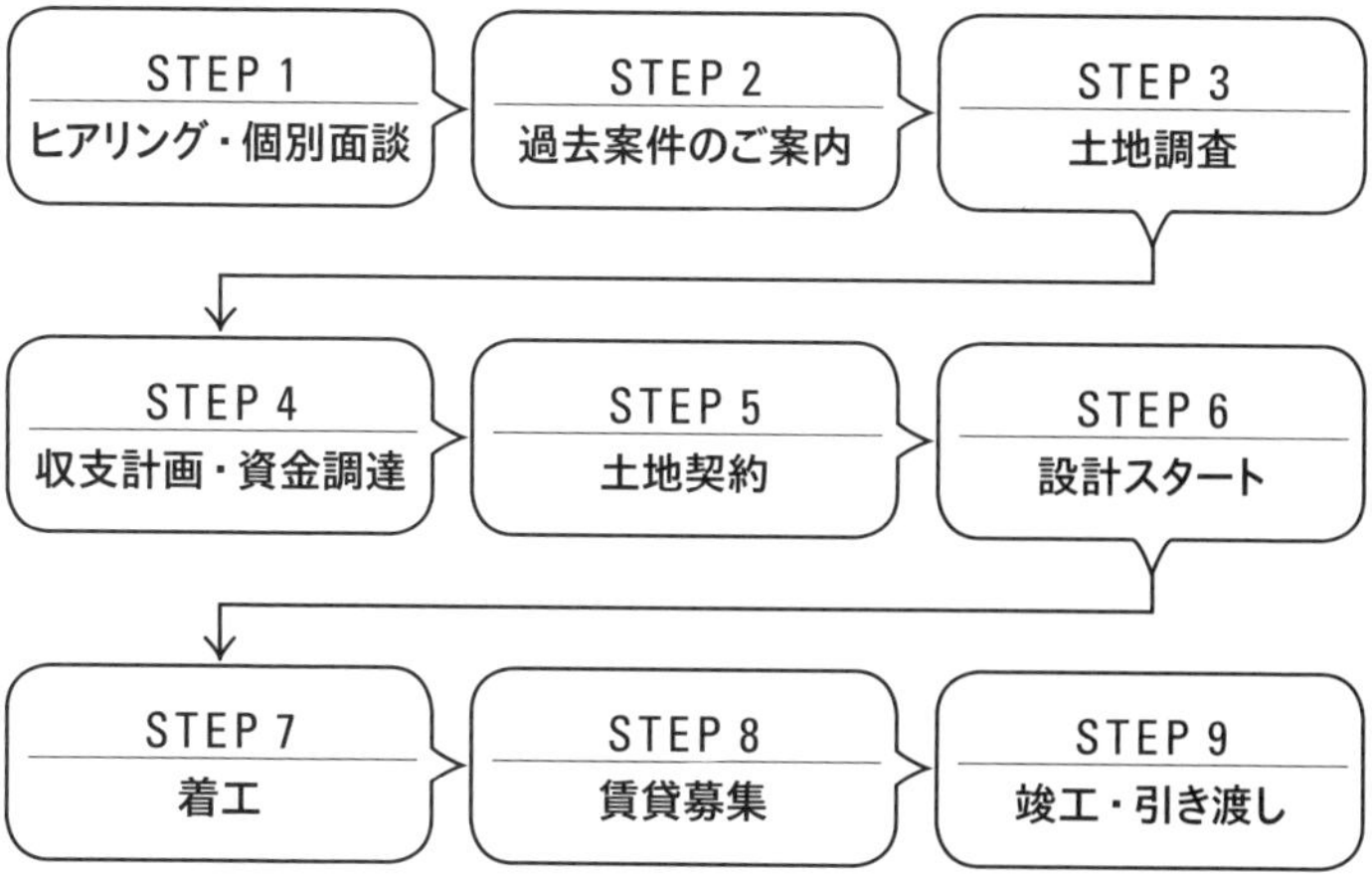

4　収支計画・資金調達

ヒアリングでの情報（事前融資審査）を経て、周辺の賃貸相場を踏まえた事業計画を作成し、お客様一人ひとりに合わせたプランを提案。金融機関の選択、交渉など、融資がスムーズに実行されるよう、しっかりとサポートしてまいります。

5　土地契約

融資の条件がそろったら、土地の契約を行います。同時に登記や各種手続きなど決裁までスムーズに進められるよう調整いたします。

6　設計スタート

設計図を作成するために、基本設計監理契約を締結。基本設計を進め、建築確認申請が通ったら、さらに細かい施設や意匠、デザインなどを決めていきます。もちろん、お客様にもミーティングにご参加いただき、「こんな設備をつけたい」「こんなデザインがいい」といった、「自分も住みたい」と思えるような物件のプランを一緒に練り上げていきます。

7　着工

地盤調査、工事請負契約締結、地鎮祭を経たら、いよいよ着工です。工事の進捗に合わせ、内外装の色決めなど、さまざまな打ち合わせをしていきながら、妥協なく工事を進めていきます。

8　賃貸募集

竣工の2ヵ月前ぐらいから、賃貸事業部「サンクミライエ（三区ＭＩＲＡＩＥ）」が賃貸募集を開始します。自社で賃貸募集をかけるため、空室が埋まらずＡＤの負担がかかるような不安は無用です。また、物件1階のテナント募集についても、当社で行います。

9　竣工・引き渡し

審査機関、社内検査、施主検査を行い、工事が終了するとお引き渡しになります。私自身も、必ずお引き渡し前に物件の隅々までチェックしています。

あとは、入居を待つのみ。その後の物件管理、空室管理、万が一の売却（出口戦略）についても、当社で責任を持って実施していきます。

一連の工程にかかる期間としては、設計期間が3ヵ月。建築に要する期間は、だいたい「階層＋3ヵ月」。4階建てならば7ヵ月、5階建ての場合は8ヵ月。だいたい1年以内で、晴れて新築一棟マンションオーナーになれる計算です。

いかがでしょう。

冒頭から、不動産投資にありがちな失敗例、業界の問題点などについて触れてきましたが、最初のご相談から竣工後の管理まで、一貫してプロのサポートを受けられるとするならば、初めて不動産投資に挑戦する方とて、恐れるべからず。

グッとハードルが下がった形で、より身近に不動産投資を考えられるのではないでしょうか。

「でも、いくらワンストップでサポートしてくれるとはいっても、新築一棟マンションなんて私にはムリ」

「リスクが高すぎるのでは？」

といった疑問、不安を持たれる方もいらっしゃると思います。

では、なぜ新築一棟マンションにこだわるべきなのか。

長期的かつ安定的に収益を上げられるような物件を作り上げていくうえで、エリア選定やターゲットゾーンの絞り込みについて、どう考えたらいいのか。

次章では、さらに不動産投資の成功の確度を高めるための物件のプランニング、具体的な投資手法についてご紹介していきます。

第2章

数ある不動産投資のなかで、なぜ「新築一棟×城南3区×女性」にこだわるのか

「満室御礼」の賃貸マンション経営を実現する成功方程式を解き明かす

ここで一つお尋ねいたします。

もし、あなたが車を買うとしたら、どんな車を選びますか？

運転ができないとしても、同乗者として乗せてもらうなら、どんな車がいいとお考えですか？

私はというと、十数年間、一切の浮気をすることもなく、ある車種に一貫して乗り続けています。

それが、ベンツのゲレンデヴァーゲン（以下、ゲレンデ）です。車に詳しくない方でも、街中でゴツい四角い箱のようなフォルムの、ベンツマークのオフロード車を見かけたことがある方もいらっしゃるでしょう。アレです。

一般的に、同じベンツでもフラッグシップモデルとして挙げられるのはSクラスですし、単純にベンツというブランドで選ぶなら、もっと安価な車種もあります。

ほかにも数多く選択肢があるなか、私がなぜ十数年、4回の買い替え時も、迷うことなく同じ車を選び続けるのか。そこには3つの理由があります。

なぜ、十数年もの間、同じ車種に乗り続けるのか?

1つ目は、ズバリ運転がしやすいからです。一般的にゲレンデというと、屈強なボディのイメージから、日本の狭い道路には向かない「図体の大きい車」のように思うかもしれませんが、見かけより車幅は小さめです。

特に、私が物件を見に行く世田谷区や目黒区などは、住宅街で入り組んだ細道も多いのですが、車同士のすれ違いにもヒヤヒヤすることなく走れるため、非常に重宝しています。

2つ目が頑丈なことです。

もともと、軍用車として造られたこともあって、フレーム構造はトラックと同レベルの堅牢さだとか。経営者としては体調や事故など、自己管理には細心の注意を払っていますが、万が一、ぶつけられるようなことがあっても大事故になるリスクは小さく、自分の身を守るという点で最適の車だと考えています。

3つ目が、下取り価格が安定していることです。車の減価償却上の耐用年数は6年ですが、ゲレンデは償却後の帳簿上の価値、つまり簿価以上に高く売れる人気車の一つです。

以上が、私がゲレンデを選択する理由ですが、もちろん、車に何を求めるかは人それぞれです。

燃費の良さから軽がいいという方もいるでしょうし、「車なんて乗れさえすればいいんだから、安い中古で十分」という意見もあるでしょう。

しかし、いくら値引き率が高くても、ちょっとした接触事故でケガをしてしまうような車では、結果的に高い買い物になりかねません。また、中古車の場合、業者のメンテナンス次第で、早く不具合が生じるリスクもあります。

あまり人気のない車の場合、3～5年たって売ろうと思った際に、簿価より安い金額でないと売れないこともあるでしょう。目先のおトクさにつられた結果、トータルでは損してしまう可能性もあるのです。

車選びと物件選びに共通する3つの選択基準

さて、車の話が長くなりましたが、こうした車選びの基準は、じつは不動産投資、物件選びにも通じる話ではないでしょうか。

車選び同様、不動産に求めるものは、人によっても異なるでしょうが、私が考えるいい土地、建物の条件は3つあります。

1　5～10年たっても、資産価値や賃貸ニーズが落ちにくい

例えば、築20年で利回り12％を謳う中古マンションがあったとします。

利回りだけを見ると魅力的に映りますが、よくよく物件の空室状況を見たら、入居者が入っているのは10室のうち5室のみだった。これでは、残りの5室を埋めるため

に、遅かれ早かれ家賃を下げる必要性が出てくるでしょう。

そうすると、大幅に利回りが落ちてしまい、家賃から借入返済額を差し引いた手残り、つまりキャッシュフローがいずれ回らなくなってしまうことが容易に想像されます。

また、新築物件であっても、周囲のマンションの空室合計が200室以上もあるようなエリアでは、物件が新しいうちは入居者が入っても、築年数がたつと他の中古物件のなかに埋もれてしまうリスクも高いでしょう。

中古車が早々にメンテナンスが必要になったり、不人気のモデルが中古車市場で買い手の目に留まりにくかったりすることに通じる話です。

2 入居者の属性が良い

いくら取得コストが安く、利回りの高いおトク物件でも、

「家賃延滞で、入居者に問い合わせても、まったく連絡が取れない」

「近隣から騒音の苦情があり、入居マナーについて話をしても協力が得られない」

など、マナーの悪い入居者が居ついてしまっている中古物件には、予想だにしない

さまざまなトラブルがつきまとうことがあります。

こうした〝事故〟を未然に防ぐには、比較的高い家賃を払う余裕があり、トラブルも少なそうな属性の良い入居者が多いであろうエリアをターゲットに、一から新築物件を建てるほうがベターな選択肢といえるのではないでしょうか。

私がゲレンデを選ぶのには、ぶつけられて大ケガをするようなリスクが小さいということだけでなく、そのために不安なく乗れるという安心感が得られるのも一つの理由です。

賃貸経営も同様で、豊かな暮らしを実現するための手段のはずが、常に「空室が出たら、家賃をいくら下げなきゃいけないんだろう」「マナーが悪い入居者をどうしたらいいのだろう」といったストレスにさいなまれるようでは、意味がありません。

不動産投資とは、基本的に長期スタンスで継続していくものです。

そのためには、ムリなく続けられるよう、精神的負担をなるべく軽減する仕組みを作ることも大事なのです。

3　万が一、売却したいと思った際に、高値で売れる

マンション投資で収益を得る方法は、2つあります。

一つは、取得した物件の価格が上がったところで売却する、つまりキャピタルゲイン（売却益）を狙う方法。

もう一つは、長く保有し続けて、コツコツと家賃収入を得る、つまりインカムゲイン（家賃収入）を目的に投資する方法です。

一時期、不動産価格が急上昇した際に流行ったキャピタルゲイン狙いの手法は、バブル崩壊後に沈静化したものの、2020年の東京オリンピックを見据えた首都圏の地価、マンション価格の高騰により、再び盛り上がりを見せています。

私どもの会社では、お客様の安定的資産形成に寄与するというミッションから、長期保有を基本に物件のご提案をしていますが、いくらインカムゲイン目的でも、万が一の売却、不動産投資の〝出口〟に向けての戦略は事前に必ず練っています。

なぜなら、誰にでも、何らかの理由やライフプランの変化によって、売らざるをえない局面が訪れる可能性があるからです。

例えば、「事業の借金をまとめて返済しなければならない」「相続税の資金対策で現金がいる」「病気になって、しばらく働けないのでまとまった生活資金が必要」となった際に、「想定した価格で売れない」「買い手がいなくて大幅に値下げせざるをえない」となったのでは、生活に支障をきたすことになりかねません。

売却益だけでは融資を完済できず、弁済資金を自己資金で調達しなければならないリスクもありえます。

収益を生むはずの手段が、自分の財布の持ち出しとなったのでは、何のために不動産投資を始めたのか、本末転倒の事態になりかねません。

転売ありきの不動産購入の是非はともかく、不動産投資では、こうした万が一の際の〝出口戦略〟をも見据えた物件選びが肝心なのです。

「新築一棟マンション×城南3区×女性」の掛け算が成功のカギ

もちろん、ハイリスクでもハイリターンを得られる可能性があるなら、チャレンジする意義アリという考え方もあるでしょう。

・物件取得価格が安価で、高い利回りを実現できる可能性はあるが、長期的に見ると

リスクが高い物件
・初期投資がやや高めでも、長期で見れば、ミドルリスク・ミドルリターンで安心して保有できる物件

これらのどちらを選ぶかは、個人の自由ですが、もし目先の利益狙いではなく、「こんな人生を送りたい」という夢の実現のためならば、私は安定的な収益を得られる可能性が高い後者をお勧めします。

そして、後者を選択すると決めたら、先に挙げた3つの条件を満たす、いわば〝ベンツのゲレンデ〟物件はどこで、どうやって探せばいいのか。

そのカギを握るのが、次に挙げる3つのキーワード、「新築一棟マンション」「城南3区」「20〜40代の女性」です。

つまり、
・新築一棟マンションを
・東京、城南3区（世田谷・目黒・渋谷）エリアに
・20〜40代の女性をターゲットにして

建てる。

これが私の考える不動産投資を成功に導く王道であり、お客様にご提案している投資手法です。

では、「新築一棟マンション×城南3区×女性」という3つのキーワードの組み合わせが、なぜ不動産投資において優位性を持つのか。その理由と実際に物件を運用する際のポイントについて詳しく見ていきましょう。

新築一棟をお勧めする理由❶

入居者に敬遠されない&修繕負担発生のリスクが小さい

利回りが高く、おトクに見える中古物件にまつわるリスクについては、すでにご紹介しました。もう一度おさらいしますと、

・瑕疵担保責任を追及できない瑕疵が存在するリスクがある
・築年数の古さから、入居者に敬遠されやすい
・大規模修繕の必要性に迫られ、多額の費用がすぐにかかってくるケースがある

・そもそも市場に出回る優良物件が少ない

といったところです。

逆にいえば、こうした中古物件の持つリスクがないのが新築物件のメリットであり、強みなのです。

つまり、想定外のリフォームや大規模修繕などを強いられることがないため、安定したキャッシュフローの確保が可能となります。

入居者の募集もイチからスタートできるため、属性の高い入居者が集まりやすいエリアや物件を吟味することで、入居者のトラブルも未然に防ぐことができます。

また、中古物件の場合、何らかのトラブルが発生した際に、解体しないとその原因がわからないようなこともあり、基礎工事の手抜きがのちのち発覚するようなリスクもありえます。

その点、新築物件の場合は、自分自身で土地を購入し、建設に設計段階から参加することで、プランの詳細はもちろん、地盤の状況、基礎工事の中身など、物件の隅々まで把握できます。

また、そもそも人気エリアで、利回りや希望条件を満たした築浅の中古物件を探すことが、非常に難しくなっているという現状から考えても、賃貸ニーズが望めそうなエリアで自分好みの新築一棟マンションを建てたほうが、合理的といえるのではないでしょうか。

不動産投資で本来追求すべきは、物件購入時点の利回りではなく、物件保有時に得られる利益、つまり生涯家賃収入です。

つまり、中古物件と比較して、「利回りが低め」「時間がかかる」としても、正解は〝急がば回れ〟！

長期スタンスで満室経営をキープできるよう、質の高い物件を建て、しっかりと管理、メンテナンスをしていくことこそが、成功への近道なのです。

新築一棟をお勧めする理由❷

区分所有マンションよりキャッシュフローが得られやすい

「一棟マンションを建てるなんて、フツーのサラリーマンの私にはムリなのでは……」

当社に面談にいらっしゃる多くの方が、口にする言葉です。

そもそも、お客様の約9割は新築一棟マンションを手がけるのは初めてという方々ですから、

「億単位の資金が必要なマンションなんて、荷が重すぎる」

「そもそもローンなんて組めるの？」

という不安が頭をよぎるのも、よくわかります。

だからといって、世に出回る不動産投資本などでも見かける、

「区分所有マンションなら借入れも少なく、手軽に大家さんになれます」

といった謳い文句に飛びつくのは、ちょっと待っていただきたいのです。

たしかにマンションの区分所有であれば、1000万～3000万円程度と不動産投資としては少額から始めることができ、ビギナーでもリスクを抑えつつ投資が可能なようにも思えます。

しかし、最初に結論をいってしまうと、じつは抱えるリスクを比べたら、一棟ものより、区分所有のほうがはるかに大きいのではないでしょうか。

区分所有マンションは、じつはリスクだらけ!?

私がそう考えるのには、次の2つの理由が挙げられます。

1 月々10万円程度の家賃では、キャッシュフローがほとんど回らない

月々のローン返済額はケースによってまちまちとしても、区分所有の場合、家賃から返済額を差し引いた差額は、せいぜい数千~数万円程度でしょう。そこから固定資産税や管理費などを差し引くと、お金がほとんど残らないどころが、資金の持ち出しになってしまうケースも少なくありません。

なかには、「節税目的だからあえて赤字でもいい」という考えから、マンションを区分所有している方もいらっしゃいます。

たしかにマンション経営の赤字を給与所得から差し引けば、所得税・住民税を減らすことが可能です。そして、定年を迎えるころには融資の返済も終わり、家賃収入を年金代わりに受け取れるようになるので、「節税」と「老後の備え」が得られるとい

う考え方です。

しかし、これは本業で「収入を確保しながら」というのが前提であり、この前提が崩れたら、プランが大きく狂うことになります。

今は、大企業であっても倒産、拠点の縮小・撤退といったことは珍しくありません。もはや会社員だから安泰という時代ではなく、賃金カット、万が一の失業、さらには体調を崩し、会社を辞めざるをえない可能性もゼロではありません。そんな事態が現実のものとなれば、お荷物と化した赤字物件と融資の返済が肩に重くのしかかることになります。

その点、賃貸ニーズが高いエリアで、新築一棟マンションを保有すれば、安定的な賃料収入が期待でき、ローン返済額を差し引いても、区分所有マンションより大きなキャッシュフローが得られます。

「一棟マンションなんて建てたら、借入れの返済が大変そう」と思いがちですが、当社のお客様のケースを見ても、返済を差し引いて、最低でも月数十万円、なかには数百万円のキャッシュを得ているケースも少なくないのです。

2　属性が弱いと、金融機関の融資が下りにくいリスクあり

区分所有の場合、金融機関は物件購入者のサラリーの範囲内で返済していけるかどうかを融資の基準としてチェックすることになります。

一棟マンションの場合はそれと異なり、物件そのものの収益力が大きな目安の一つになります。収入が低いなど、個人の属性に不安がある方でも、物件の収益力でカバーすることが可能なのです。

つまり、年収や自己資金が１０００万円に満たないという方でも、プランニング次第では、数億円単位の借入れを受けられ、大きな物件を取得すれば、より大きなキャッシュフローが得られるという好循環が得られるわけです。

「初心者なら区分所有マンションのほうが向いている」

「収入が１０００万円に満たないのでは、一棟マンションを建てるような融資額は引き出せない」

そんな世間の常識を鵜呑みにする前に、客観的に自分が借りられる与信枠（融資の限度額）をチェックしてみることのほうが先決と心得ましょう。

新築一棟をお勧めする理由❸

震災リスクへの備え、耐震基準の強化にも対応できる

東日本大震災、熊本地震、そして関東近郊での地震も頻発するなか、住まい選びにおいても、建物の耐震性や地盤の強さを注視する傾向が一層、高まりを見せています。地盤の見極めについての詳細は、あとでご説明しますが、ここでは建物の耐震基準について見ていきましょう。

現在、耐震基準には、3つの法基準が存在します。

1つ目が、1981年以前の旧耐震基準、2つ目が1982年に施行された新耐震基準です。そして、1995年の阪神・淡路大震災の教訓を生かし、2000年の建築基準法改正では、地耐力に応じた基礎構造の規定、地盤調査の義務化などが定められました。

これが、新耐震基準に見直しを加えた、3つ目のいわゆる「新・新耐震基準法」と呼ばれるものです。

その後も、中間検査の義務づけなどの改正が加えられるなか、今後は金融機関の融資基準においても、対象となる建物が最も厳格な「新・新耐震基準」に対応しているか否かが問われるケースも増えてくるだろうと予測しています。

また、いわゆる姉歯事件と呼ばれる「構造計画書偽装事件」が注目を集めたことを記憶している方も多いと思います。

こうした偽装問題の発覚を経て、２００７年に新たに制定された住宅瑕疵担保法（特定住宅瑕疵担保責任の確保等に関する法律。２００９年10月１日以降の新築住宅に適用）では、従来の「新築住宅の主要構造部分の瑕疵について、10年間の瑕疵担保責任を負う」という規定をさらに強化し、瑕疵の補修が確実に行われるよう、第三者機構による保険や供託が義務づけられるようになっています。

こうした流れも、金融機関が融資を行ううえでの、物件を見る目の厳格化に確実に影響を与えつつあります。

スムーズに融資を実行し、入居者を確保していくためにも、瑕疵担保責任をもしっかりと担保できるような業者を選択し、新たな耐震基準に対応した新築物件を建てていくことが、長期的に安定収益を得るための大事な要素となっているのです。

新築一棟をお勧めする理由❹

設計のひと工夫で、割安な「不整形地」で収益アップ！

土地の形というと、一般的に長方形や正方形など、いわゆる四角の形状をイメージする方が多いと思います。

しかし、人間の顔が一人ひとり違うように、じつは土地の形も一つとして同じものはありません。そして、人間がモデルのような美男美女ばかりでないように、キレイな四角形の「整形地」よりも、むしろ三角形、台形などの特殊な形をした、いわゆる「不整形地」のほうが多数派なのです。

なかには、道路に面した出入り口から通路にかけての部分が狭く、その奥に建物の敷地となる部分が存在する、いわゆる旗竿地と呼ばれる特殊な形の不整形地も多く存在します。「真上から俯瞰すると、敷地の部分が旗、通路の部分が旗をかけた竿のように見えること」に由来し、そう呼ばれるわけです。

通常、マンションなどの建物は箱形をしているので、長方形や正方形の「整形地」に建てるほうが、スペースのムダなく、建築面積が広く取れるというのが一般的な考えです。たしかに戸数も多く設定できますし、利回りの点でも優位性がありそうです。

一方、三角形や台形などの不整形地の場合、普通に箱形の建物を建てたのでは、どうしても、ムダなスペースが生じ、設定戸数も整形地より少なくなりがちです。

さらに、旗竿地に関しては、東京都では基本的に共同住宅を建てることができないため、賃貸住宅は、原則として長屋にする必要があります。

長屋は、すべての住居の出入り口を、共有部分を通らずに外部から直接出入りできるようにしなければならないため、高層タイプの建物は現実的に不可という制約が出てしまいます。

不整形地の「欠点」を「個性」に変身させる斬新プラン

では、不整形地や旗竿地は、新築マンションを建てるのには不向きなのかというと、そんなことはありません。

「楕円形の28坪の敷地で、各フロアにムダなくワンルームを3戸ずつ入れた、一つも直角がない特殊な形状のマンション」

「路地の奥に位置する旗竿地の形を生かし、プライバシー感を演出した長屋タイプの物件」

「L字形の土地で、建物の中心に吹き抜け空間を作り、その周りに住居を配置した物件」などなど。

これらは、実際に当社で手がけた物件の一例です。

なぜ、私たちが、むしろ積極的にこうした不整形地を扱うのか。

最大の理由は、ズバリ価格にあります。東京都心部の人気エリアでも、用途に制約が出やすい分、整形地よりも安く仕入れることが可能なため、利回りアップも実現。これは見逃せないアドバンテージです。

ただし、一般的に、不整形地でムダのない緻密な設計プランを編み出すのは、一朝一夕になしえるものではありません。

大手の住宅メーカーが手がける建物は、決まった部品を工場で組み立てる、いわゆる規格品が大半ですし、不利な土地の形状や制約を生かしたプランニングの経験値が豊富な設計事務所もそう多くはありません。

さらにいえば、いくら不整形地に合った秀逸な設計プランが完成しても、施工の手間やコストがかかってしまっては、土地取得コストを抑えた意味がなくなってしまいます。

じつは、先に挙げた物件はほんの一部で、当社の設計担当者は不整形地や旗竿地のプランを山のように手がけている、まさに不整形地のスペシャリスト。加えて、自社施工なので、後工程も考えながら、トータルでコストバランスを考慮したプランニングができるのも強みです。

「フェイスネットワークさんの物件は斬新ですね」

「デザインが個性的で、一目惚れしました」

などと、当社の物件については、入居者ほか同業者からもお褒めの言葉をいただくことも多いのですが、決していたずらにデザイン偏向で奇をてらっているわけではありません。

土地の形状の他、のちに挙げる建築基準法の規制などにも配慮したうえで、最大限に土地のパフォーマンスを引き出す設計と施工の工夫の結果が、デザイン性の高い物件につながっているのです。

新築一棟をお勧めする理由❺

「自分が住みたい家を作る↓選ばれる物件になる」好循環

賃貸経営において、投資効率や利回りのアップは重視すべき課題ですが、結果、住む人のことが後回しになってしまっては元も子もありません。

何よりも大事なのは、「入居者に愛される」こと。「この家なら住みたい」と思ってもらえる物件にすることです。ならば、

「自分が住みたいと思う家を作りましょう！」

お客様と設計や事業のプランニングについて話し合う際、私どもでは必ずそうお伝えするのですが、イチから作り上げる新築物件の場合、自然とマイホーム感覚が芽生えるオーナーさんが多く、「エントランスに絵画を飾ったらどうか」「ゆっくり家でく

つろげるよう、バスルームは広めにしたい」などさまざまな意見が飛び出します。

じつは、「これなら自分も住みたい！」という消費者寄りの素直な感覚からこそ、入居者側に立ったいわば「マーケットイン」の発想が生まれ、結果、入居者が住みやすい家とイコールの物件が実現するという効果も期待できるのです。

ですから、「ワンストップサービス」を提供するといっても、当社のプロジェクトでは、オーナーさんこそがチームの中枢メンバーなのです。

社内の設計士、施工担当者とともに、設計段階から施工中も、何度もミーティングを重ね、「どうしたら入居者に喜ばれる物件になるか」、じっくり検討しながら、最終的なデザインに落とし込んでいきます。

例えば、池尻大橋駅（世田谷区）から徒歩9分の好立地にあるお客様の物件で、オーナーさんの奥様の意見で取り入れたのが、キッチンのそばに作ったブルーの神秘的なムード漂う天窓です。

仕事や育児に追われながら、慌ただしく料理をしながらも、ふと天井を見上げると心安らぐという仕掛けで、実際にキッチンに立つことが多い女性ならではの視点から生まれたひと工夫です。

同じく、オープンカウンタースタイルのキッチンで、通常、シンクの真ん中についている水栓をカウンターの端につけたケースもあります。

「そのほうが料理もしやすく、カウンターの空いたスペースでささっと簡単な食事も食べられる」

これも一人暮らしをしている女性のお客様のご希望から生まれたもので、私では思いもつかない〝コロンブスの卵〟的発想といえます。

独自設計だからこそ、小さなこだわりが他にはない魅力に！

また、小さなこだわりを工夫できるのも、規格品ではない、独自設計の新築一棟ならではのメリットです。

ある物件の最上階の部屋限定で、トイレ・バス内に設置したのがスマートフォンをつなぐと、防水スピーカーから音楽を聴けるという設備。しかもスピーカーが天井に設置してあるため、シャワー音にかき消されず、音楽を楽しめるというニクいはからいです。

じつはこの物件はエレベーターなしの4階建てで、「階段で4階に上がらなければならない分、魅力を増す何かをつけたい」という設計者のこだわりから実現したものです。オーナーさんに負けじと、設計者魂が発揮された趣向ともいえます。

他にも、建物の高さ規制から、最上階の部屋に規格のユニットバスが入らず、別注でガラス張りの豪華なバスルームを作ったケースもあります。他の部屋より、家賃が高めにもかかわらず、同物件内で一番人気の部屋になっています。

その他にも、「400角磨き」と呼ばれる高級感あふれるタイルをキッチン、洗面所、トイレの床全体に敷き詰めた物件、自転車を担いで階段を上がらずにすむよう、階段脇にスロープをつけた物件、夜でもカギを開けやすいようにカギ穴を照らす照明を配置した物件、などなど。

こうした、ちょっとした工夫こそが、他にはない魅力となり、高い入居率につながるのです。

言うまでもありませんが、賃貸経営における最終的なお客様は入居者です。

お客様に喜ばれる商品、サービスを提供するというのは、ビジネスの基本ながら、既存の中古物件を購入するケースでは、なかなか〝マーケットイン〟の発想が生まれにくい。その点、新築一棟マンションならば、オーナーさんにも積極的にアイデアを出していただくことで、物件への愛着が育まれ、より質の高い物件の実現にもつながります。

結果、入居者にも「長く住みたい」と思ってもらえるうえに、オーナーさんの安定的な賃貸運営に結びつくという好循環も生まれるのです。

ちなみに、当社では、「プラン検討会」といって、賃貸営業部の「三区ＭＩＲＡＩＥ」のスタッフから設計担当者がフィードバックをもらうミーティングも定期的に開き、私も必ず参加しています。

設計のプロだけでなく、実際に入居される方にダイレクトに接している現場の声を反映させる場を作ることで、設計担当者も住居に関して新たな視点を増やすことができ、今後の設計プランに生かせる効果につながると考えています。

城南3区にこだわる理由❶

生産年齢人口が減る確率が少ない

次は、城南3区をお勧めする7つの理由についてお話ししていきましょう。

新築一棟なら入居者にも好まれ、デザイン性や機能性に富んだ物件を実現できる！といっても、賃貸需要が望めないエリアに建てたのでは、まさに〝宝の持ち腐れ〟にもなりかねません。

さらに注視すべきは、たとえ首都圏であっても、エリアによってはそう安穏としてはいられない厳しい現実が待ち受けているということです。

東京23区の空室率は過去最悪の33・68％——これは不動産調査会社のタスが発表した調査結果です（2016年5月発表。数値は同年3月時点）。

東京に次ぐ大都市の神奈川県も同調査をスタートして以来で初の35％超え、千葉県も34％台と軒並み苦戦状況にあることがわかっています。

また、賃貸需要に大きく関与する人口動態についても、46ページでも挙げた「20

40年、消滅危機にある自治体」に、東京の豊島区も含まれていることが明らかにされています。

そう、2020年の東京オリンピックを目前に、過熱気味といってもいい首都圏のプチバブル状態も、エリアによる選別が進行しつつあるといっていいでしょう。

では、長期的視点で賃貸ニーズが期待できるエリアを選ぶには何を参考にすればいいのでしょうか。

その一つの指標となるのが、生産年齢人口の推移です。

生産年齢人口とは、文字通り、生産活動の中心となる15歳以上65歳未満の人口のこと。つまり今後の経済動向や人口の推移に影響するゾーンです。

全国規模で人口減少が避けられない時代のなかで、こうした現役世代が、長期的に増加していく可能性が高いエリアを選ぶことも、賃貸マンションを建てる際の大事なポイントとなっているのです。

その観点から優位性が高いエリアとして、私たちがターゲットに据えているのが、かつての江戸城（現在の皇居）の南側に位置することから命名された、城南エリア。

その中でも都心へのアクセスが便利な世田谷区、目黒区、渋谷区になります。

ここで下のグラフをご覧ください。

これは、城南エリアの中でも、私どもの物件が最も多く分布する世田谷区の生産年齢人口の比率の推移を示したものです。２０１５年まではゆるやかに減少しますが、その後、２０３５年までは微増していくという試算が明らかにされています。

そのうちに占める生産年齢人口の比率を見ても、今後は60％を切っていくと予想される全国平均、60％台前半の推移となりそうな東京都に対し、世田谷区は70％台前半または60％台後半と

生産年齢人口の比率

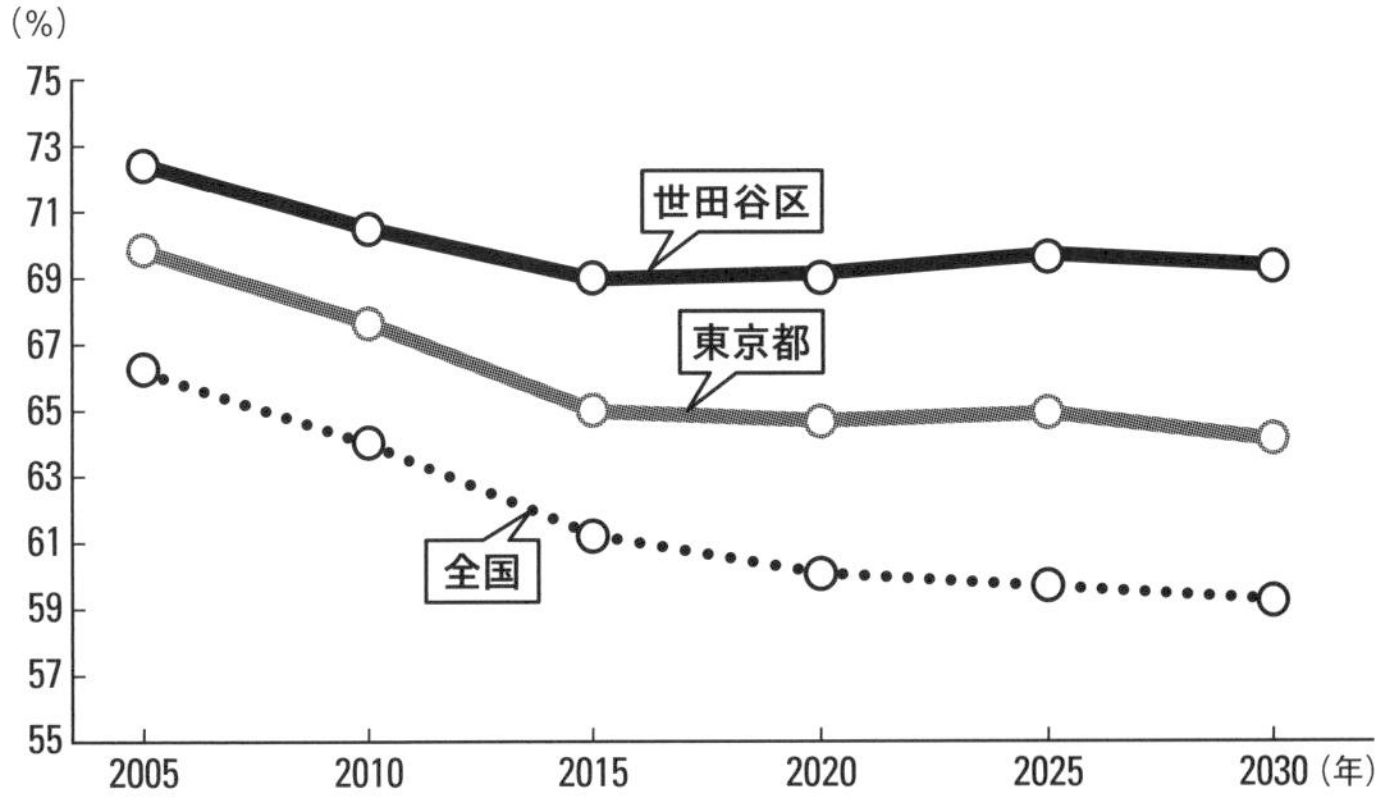

（総務省調べ「人口推計」）

高い水準を示しています（総務省調べ）。

逆に首都圏にあって、総人口は増加していても、生産年齢人口の減少が予想されている地域もあります。

例を挙げると、東京に次いで人口が多い横浜市は、２０２０年ごろまでは人口微増が期待できるものの、生産年齢人口は中区や青葉区といった人気エリアを除くと、市全体では減少傾向に進むというデータもあります。


ちなみに、世田谷区は、保育園の入園待ちのいわゆる「待機児童」が一番多い自治体としても知られていますが、生産年齢人口の比率が高いのもその一因なのでしょう。

私どもは、こうした実態も踏まえ、同区でマンション１階に内閣府の企業主導型保育所を設置するプロジェクトも進めています。こうした取り組みを推進できるのも、エリアを限定し、地元密着でビジネスを展開しているゆえの強みだと考えています。

城南3区にこだわる理由❷

交通の便、住環境、治安が良い

都心部に気軽に行ける好立地。交通の便の良さ。これも城南エリアの持つ強みです。車社会の地方の方にはピンとこないかもしれませんが、東京をはじめ首都圏ではどこの沿線に住むかが、毎日の通勤や休日のショッピング、グルメなどの利便性、行動範囲、さらにはステイタスをも大きく左右します。

テレビや雑誌などで取り上げられる「路線別人気ランキング」を見ても、常に上位にランクインする常連組といえば、山手線、東急東横線、東急田園都市線、小田急線、京王線、京王井の頭線など。城南エリアは、これらの路線をすべて擁しています。

また、城南3区には、渋谷、中目黒、自由が丘、三軒茶屋、下北沢、代官山、二子玉川といった、全国的にも知名度の高い人気スポットが点在します。「住みたい街ランキング」などでも、毎年、上位に挙がるエリアです。

その理由の一つに、都心部としての機能性だけでなく、居住地としての好環境に恵まれ、生活のオン・オフをはかりやすい点が挙げられます。

例えば渋谷というと、渋谷センター街（バスケットボールストリート）などの喧噪をイメージする人もいるかもしれませんが、近隣には代々木公園があり、休日などは芝生のうえでのんびり過ごす人々の姿が多く見られます。

また、世田谷なら世田谷公園や砧《きぬた》公園。世田谷と目黒にまたがって広がる駒沢公園など、城南エリアには管理の行き届いた公園や緑道などが点在しており、植物によって覆われた部分の

城南3区の緑被率

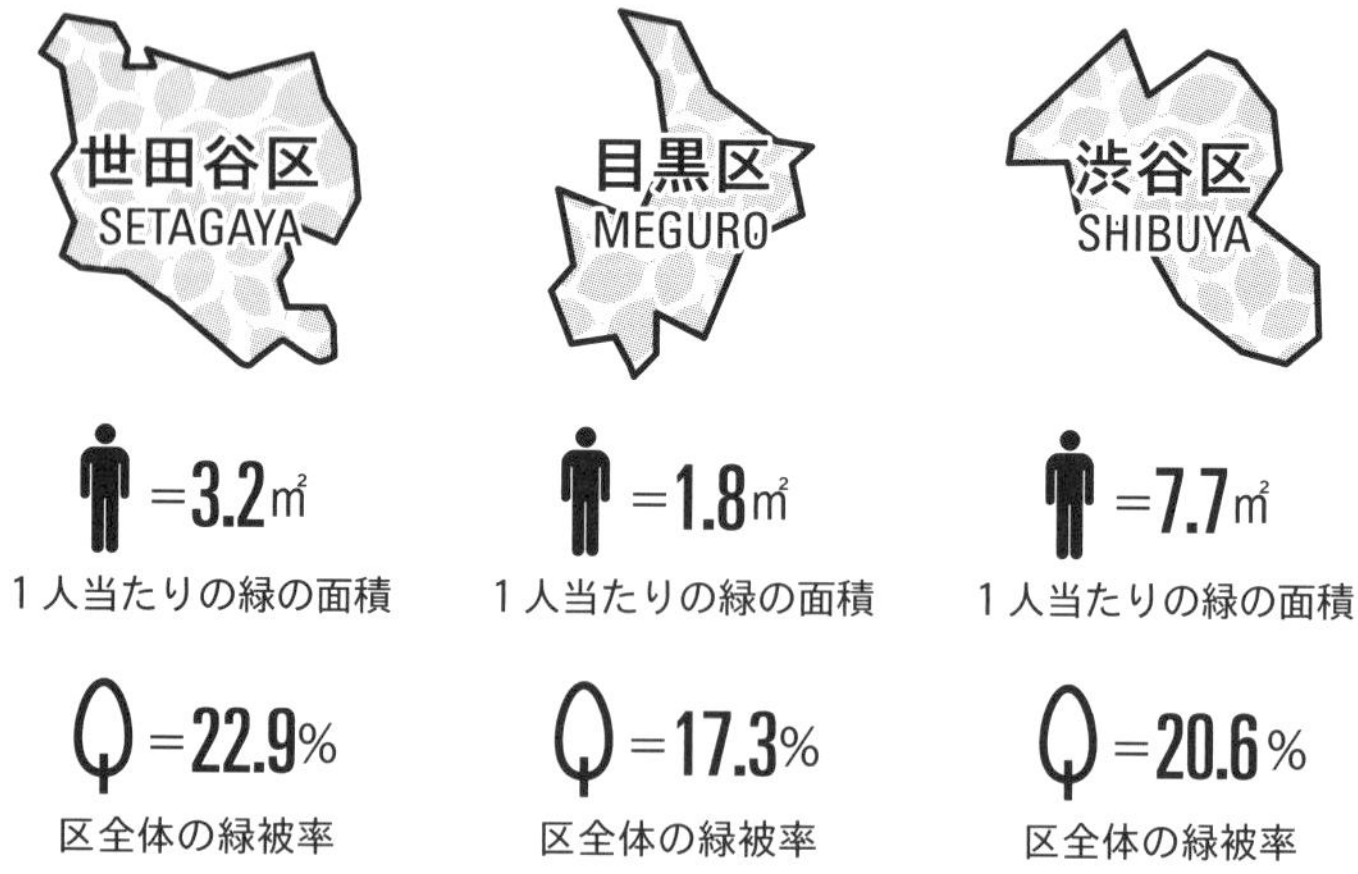

（世田谷区調べ「みどりの資源調査」、目黒区調べ「みどりの実態調査」、渋谷区調べ「しぶやの環境」、東京都建設局調べ「公園調書」）

土地の割合を示す「緑被率」も、世田谷区は22・9％と東京23区内で2番目に高く、渋谷区も20・6％、目黒区は17・3％。それぞれ23区内で上位に位置していることがわかっています。

つまり、仕事や買い物などの利便性を享受しつつ、自然も満喫できる。都会にあって〝いいところ取り〟が可能なエリアなため、人気が高く、結果、土地価格が下がりにくいことにもつながっています。

城南3区にこだわる理由❸

1年を通じて賃貸ニーズが安定している

住みたい街としての人気が高いゆえ、1年を通じて賃貸ニーズが安定しているのも城南エリアの強みです。

その証として、当社の物件は、賃貸ニーズが落ちやすいといわれる6～7月竣工のマンションについても、建物ができる前からすでにキャンセル待ちが出るほどの人気になることがほとんどです。

空室待ちの希望者が常に存在する物件も多く、会社設立から十数年、オーナーさんから空室リスクに悩まされているといったお声を聞いたことはありません。

ここで賃貸ニーズの安定性を客観的に判断するため、一般公開されている物件を例に、城南エリアのワンルームマンションと、他エリアにある同じタイプの物件とで賃料を比べてみましょう。

城南エリアからは、三軒茶屋駅徒歩7分の場所にある26・23平方メートル、2007年2月築の物件、比較対象として、2008年1月築の浅草駅徒歩1分の場所にある25・62平方メートルの物件を取り上げてみましょう。

これら2物件は、ある時期、同時に募集がかかっていたものですが、それぞれ家賃はいくらに設定されていたかというと、三軒茶屋物件は家賃11万3000円、浅草物件の家賃は8万5000円です。

両者の築年数はほぼ変わりはなく、規模もほとんど同じです。むしろ駅からの距離の利便性を考えれば、浅草物件のほうが優位性は高い。それでも、家賃には3万円近くの開きがあるのです。

浅草駅付近も、下町ムードたっぷりで、住むのには便利な場所です。それでも城南エリアのほうが、家賃を余分に支払っても、住みたい人が一定数いる。

家賃相場から見ても、城南エリアには賃貸ニーズが安定的にあるということが推測できるはずです。

城南3区にこだわる理由❹

地価が高いエリアに比べ、土地コストが割安で安定的

「いくら人気があって、高い家賃収入が期待できても、地価がとんでもなく高いはず⁉」

世田谷区、目黒区、渋谷区といえば、そんなイメージを持つ方も多いと思います。

しかし、東京都心部の他エリアと比較すると、意外にそうでもないのです。

例えば、都心3区と呼ばれる中央区、千代田区、港区。同じ東京でも、こうした商業地、ビジネス街に該当するエリアは、中央区の場合で坪単価平均約1800万円あまりと、ケタ違いに地価が高く、とても一般人に手が出せるエリアではありません。

一方、城南エリアを見ると、商業地を擁する渋谷の平均価格はどうしても高くなる

ものの、世田谷区については坪単価平均200万円前後と、都心3区と比べてかなり割安です。

また、オフィスや商業施設が多いエリアは景気変動によって価格が左右されやすく、バブル時のように上がるときは急上昇し、逆にリーマンショックのような事態となれば、急落するリスクも大きいといえます。

しかし、城南3区のなかでも、レジデンスといわれる居住用不動産が多く位置する住宅エリアは、価格のブレが小さく、都心部で地価が3倍に高騰したからといって、同様に跳ね上がるようなことはほぼありません。

逆にいえば、都心3区で地価が3倍になったからといって、そのエリアの賃料を3倍に設定できるかというと、そうもいかないのが不動産投資のセオリーです。

124ページでも例に挙げた三軒茶屋の物件と、やはり同時期に募集がかかっていた麻布十番の物件とで比べてみましょう。

麻布十番といえば、港区に位置し、城南3区に引けを取らず、人気が高いエリアです。条件を見ると、部屋の広さは26・65平方メートル、赤羽橋駅から徒歩1分、賃料は11万3000円。面積、交通の便、家賃は三軒茶屋の物件とさほど変わりがありません。

しかし、家賃は同じでも、土地の取得に必要なコストは大きく変わってきます。それぞれの土地から判断すると、三軒茶屋の物件は坪200万円くらいで購入可能ですが、麻布十番は坪400万~500万円程度は必要となるでしょう。

つまり、土地の取得コストは、2~2・5倍も開きがあるのにもかかわらず、家賃は倍になるわけではない。つまり、投資効率から見ると、麻布十番よりも三軒茶屋のほうが優位性が高いというわけです。

私どもが城南3区にエリアを絞り、かつ住宅用のレジデンス物件にこだわるのも、そのためなのです。

城南3区にこだわる理由❺

エリアを厳選して絞り込めば、おトクな土地が見つかる

城南3区をターゲットにするといっても、私どもでは、より厳密なプロジェクトターゲットとして、

・甲州街道より南
・環八通りより東
・目黒通りより北
・山手通りより西

に、エリアを基本的に制限しています。

家賃や賃貸需要が安定的に高く、確実な収益と低い空室率が見込めつつも、

・家賃が高い他地域に比べて、地価が安価か
・投資効率から考えて高い利回りを狙いやすいか

などを考慮した結果です。

例えば人気の東急東横線沿線は、建築規制が厳しく、建物の高さや容積率（敷地面積に対する延床面積の割合）、建蔽率（敷地面積に対する建築面積の割合）に制限が設けられた第一種住居地域に指定されている場所も多いため、投資効率から考えると、当社の物件候補としてはターゲットから外れてしまうケースも出てきます。

また、城南3区にあっても、先に挙げた厳密なターゲットエリアからは外れる代官山、自由が丘、田園調布など、いくらブランド力があっても、土地の価格が割高なエリアは共同住宅の適性としては不向きという判断を下す場合も出てきます。

ここで投資効率を考えるうえでの比較例を一つ挙げましょう。

・敷地A　100坪　1億5000万円
・敷地B　75坪　1億5000万円

の2つの土地があったとします。

価格と土地の広さだけを見れば、同じ価格でより面積が広い敷地Aのほう

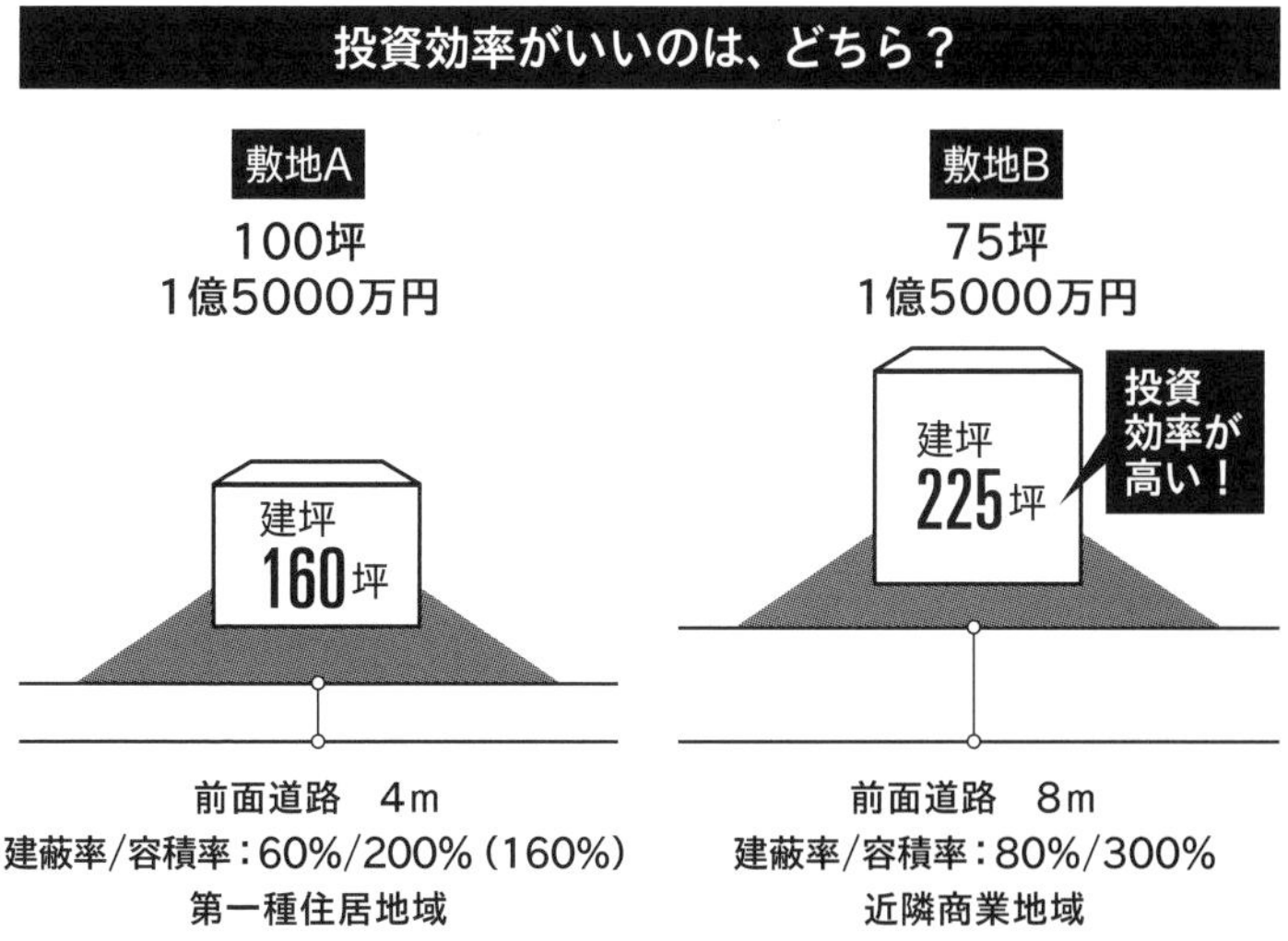

が坪単価も安価で、おトクに思えます。

しかし、敷地Aが第一種住居地域で、前面道路の関係から、建蔽率60％、容積率も実質160％しか使えなかったとします。一方で、敷地Bは、近隣商業地域で建蔽率80％、容積率300％で建物の建設が可能だったとします。

すると、実際の建坪から考えると、敷地Bのほうが土地をムダなく活用でき、建物の高さからも戸数を多く設定できる。投資効率では敷地AよりBが〝買い〟という判断になるのです。

このように、当社では、物件の収益性に大きく関わってくる建蔽率、容積率、建物の高さなどの制限に加え、土地の取得コスト、家賃相場などさまざまなバランスを考慮し、

・比較的安価で入手できる不整形地、借地権付き物件をも扱う
・のちに紹介する非公開物件情報からより良い物件をさらに厳選

という独自戦略を取ることで、人気エリアにあっても、土地取得コストを軽減しつつ、利回りアップをはかるプランの提供を実現しています。

不整形地については、108ページでご紹介しましたので、ここでは借地権付き物件についても、解説を加えておきましょう。

借地権とは、文字通り「建物を建てることを目的に、地主から土地を借りて使用する権利」です。

私どもが借地権付きの土地に着目する理由は、不整形地同様、ズバリ安価で入手が可能だからです。

土地を借りるための地代を払う必要はありますが、所有権物件に比べれば、コストを抑制でき、自分の土地ではないため取得税や固定資産税は払う必要ナシ。地代については、税務上、費用として落とすことができるのもメリットです。

「でも、いずれ土地を地主に返さなきゃいけないのでは?」

と思うかもしれません。しかし、1992年の法律改正以前に設定された旧借地権付きの土地であればそうではない可能性はあります。

借地権というと、決められた契約期間で、土地を地主に返さねばならないというイメージを持っている人が多いかもしれませんが、旧借地借家法では、木造の建物の場合は存続期間が最低20年（法定30年）、マンションなどの場合は最低30年（法定60年）と定められているものの、大半のケースは更新が可能です。

「更新できる＝返さなくてもいい」とするならば、所有権とほぼ変わりはなく、旧借地権付きの土地の活用は、投資利回りを上げるためにも非常に有効なのです。

さらに同じ城南3区の目黒区、渋谷区内でも、細かく見ると、ネームバリューの差によって投資効率が大きく変わってくることがあります。

例えば、当社は以前、目黒区大橋というところに、自社のビルを構えていました。そこから10メートルほど先の山手通りを越えると、同じ目黒区でも「青葉台」という地名になります。

ここで2エリアの地価を比べてみると、大橋が坪当たり430万円程度であるのに対し、青葉台は坪当たり600万円を超す場合も。いわゆる青葉台ブランドの上乗せといったところでしょうか。

しかし、賃貸物件を探しているお客様にとっては、インターネットで「東急田園都市線池尻大橋駅から徒歩10分以内」「京王井の頭線神泉駅から徒歩10分以内」といった条件で検索すると、大橋にある物件も、青葉台にある物件も、一緒に検索されるはずです。

ようするに大橋も青葉台も、最寄駅からの距離や利便性はほとんど変わらないのです。

しかも同じ条件の、ワンルームの賃貸物件の家賃が大橋で11万円ならば、青葉台がいくらブランド力があるといっても急に17万～20万円に跳ね上がるわけではありません。

最大限の利回りを実現するには、細かいエリア差による投資効率の差や土地取得コストの違い、さらに次に挙げるような区によって異なる建築に関する規制、条例を踏まえたプランニングが肝要となります。

エリアを特化する強みは、その地のことを隅々まで熟知し、まさに〝地の利〟を生かせる点にもあるのです。

城南3区にこだわる理由❻

自治体によって異なる規制や条例

建物の設計に際しては、容積率や建蔽率、第一種・第二種住居地域における建物の高さ制限の他、斜線制限（北側敷地への日照や圧迫などによる影響に対しての制限）、日照を保護するための日影規制、他にも自治体によって内容が異なる「高度地区」の制限など、さまざまなものがあります。

こうした規制を熟知したうえで、ムダのない緻密な設計プランを考えるには、その地でいかにプランニングの数を積んできたか、経験値がモノをいいます。

また、私どもでは、新築一棟マンションのなかでも、ファミリー向けマンションよりも、ワンルームマンションを主体にご提案しています。

その理由としては、

1　同じ面積でより多くの部屋を作れる

2　よって、1棟の中で空室が出た際も、家賃収入減のダメージが少ない
3　需要が安定しており、万が一の売却の際にも買い手がつきやすい
4　上記3点を踏まえ、融資が下りやすい

の4つが挙げられます。

しかし、ワンルームについては、ゴミ出しのルールなど、入居者のマナーの問題が注視されるようになったことから、自治体ごとにさまざまな規制（ワンルームマンション規制）や条例が設けられており、一定の要件に該当した場合は、管理人室や駐車場、駐輪場など所定の設備の設置が求められるようになっています。

こうした条例に抵触すると、本来賃貸に回すスペースが減り、管理人を雇う人件費などにより、オーナー負担が増えることにもつながります。

専門の業者、大手の住宅メーカーであっても、こうしたワンルームマンション規制や条例の他、細かい地元の条例すべてを網羅するのは、並大抵のことではありません。

私どもでは、土地仕入れを検討する際の最初のプランニングだけでも、年間300件以上を手がけており、それらをすべてデータベース化しています。

よって、「世田谷区の△丁目は、○○の条例を考慮する必要がある」「目黒区のあのエリアは、□□の地区条例がある」といったことが、過去のケースから一発でわかるため、役所関連部署に問い合わせができない休日でも、良い物件情報から即座にプランニングを実行し、確実にものにできるのです。

城南3区にこだわる理由❼

地盤が強く、基礎工事のコストも抑制できる

ハザードマップという言葉を耳にしたことがある方も多いと思います。

自治体が発表しているもので、自然災害による被害軽減や防災対策のため、被災想定区域や避難場所・避難経路などが表示された地図を指します。

近年は、特に地震に対する防災意識の高まりから、住まい選びの際に、その地区の地盤沈下や液状化のリスクを、ハザードマップでチェックするような方も増えています。

では、城南エリアの地盤はどうなのかというと、ハザードマップで見ていただければ一目瞭然。浸水実績、水害被害も他エリアに比べて非常に少ないことがわかるはずです。

東京の地盤は、山地・丘陵地、山の手の台地、下町の沖積低地、谷底低地などに分類されますが、城南エリアの大半は洪積層と呼ばれる粘性質の高い関東ローム層からできており、地盤が強固なのが特徴です。

よって、地震が起こった際も揺れの増幅や、地盤の液状化が起こりにくく、私どもが同エリアで手がける城南3区の物件においても、建物を支えるために支持層（固い地盤）に打つ杭で、18メートル以上の長い杭を打ったケースは1件もないほどです。

ちなみに、城南エリアに寺社や武家屋敷、大使館などが多く位置しているのも、地盤が固く、川の氾濫や津波、また液状化などのリスクが少ないという理由からだといわれています。

地盤の弱さが、目に見えないコスト増につながる！

一方、主に海面下の堆積物でできている沖積低地が広がる23区の東部や湾岸地域の埋め立て地は、地震の被害が発生しやすく、液状化が起こりやすいというリスクがあります。

ご参考までに申し上げますと、昨年、お客様のご要望で、湾岸エリアで手がけた物件は、地盤の関係から、40メートルほどの杭を打つ必要性があり、その分の建築コストを見込んだ事業プランを立てることとなりました。

私どもの会社では、お客様の要望の他、賃貸ニーズが高く、諸条件から高い投資効率が見込めると判断できた物件があれば、城南エリア以外でもピンポイントで進めているプロジェクトがあります。

例えば、大学や専門学校が多いためワンルーム需要が高く、交通の利便性も高い文京区・湯島エリアや、住宅街で賃貸ニーズも高い杉並区・荻窪エリアなどが挙げられます。

ただし、他エリアで物件を建てる際も、重視しているのは地盤の強さと、耐震性の担保です。

新築一棟マンションを建てる際には、特に目に見えない杭打ちなどの基礎工事こそが、耐震強度に大きく関わるだけでなく、総工費にも大きく影響してくるからです。

マンションの杭打ちについては、大手住宅会社によるデータ偽装が表面化したことも記憶に新しいところでしょう。

「ごまかしたり、隠したりせずに、当たり前のことを当たり前にしっかりとやれば、問題ない」

これは、建物の耐震性について言及した当社の設計担当者の言葉ですが、自然災害への危機感が一層の高まりを見せるなか、投資物件においては、安全性の高いエリアの選考とともに、設計・施工を担当する業者選びもさらに重要な要素となっているのです。


20〜40代の女性をターゲットにする理由❶

理想の生活のためには、住居コストをケチらない

最後に、20代〜40代の女性をターゲットにする2つの理由についてお伝えします。

「女性にウケたら、必ず流行る」

「女性にそっぽを向かれたらオシマイ」

商品開発や飲食店経営などのコツとして、〝女性目線〟の重要性が語られることがあります。

じつは不動産投資においても、同じように女性を意識することこそが、成功のカギを握ると、私は考えています。

実際、当社の物件は、ズバリ20〜40代の女性をターゲットにプランニングし、既存物件の約8割を単身女性の居住者が占めるに至っています。

では、なぜ男性ではなく、女性をコアターゲットに据えているのか。

1つ目の理由に、同世代の男性と比べ、生活のなかで、住まいの居心地に比重を置く層の割合が多いことが挙げられます。

特に首都圏で働く20〜40代の単身女性は、経済的にもゆとりがあり、居住空間をワンランクアップさせたいという高い欲求を持っています。快適な生活のためにはコストを惜しまないため、一定水準の家賃を払える入居者をキープできるというメリットがあるわけです。

2つ目には、感度が高く、デザイン性、機能性ともに〝見る目〟が肥えている点が挙げられます。

女性は自分の趣味や嗜好と相入れない物件はいくら安価でも見向きもしませんが、いったん気に入れば、長く住み続けてもらえることが期待できます。

そして、飲食店などがそうであるように、目（舌）の肥えた20～40代の女性の支持を得られれば、他の年齢層の取り込みも期待できます。

彼女たちが住まいに求める高い基準をクリアすれば、多くの方から愛される物件として、その時々の景気にも左右されることなく、安定的な収益確保の実現にもつながってくるのです。


20～40代の女性をターゲットにする理由❷

居住マナーが良く、物件をキレイに使用する傾向が高い

あくまで個人差があるということを前提にいうと、住空間を大事にする女性は、自分の部屋を愛し、大切に使用するため、居住マナーに関するトラブルも少ないことが挙げられます。

つまり、建物の維持管理という点でも、メリットが大きいのです。

ちなみに、当社の物件の設計やデザインの打ち合わせでは、オーナーご夫妻でいらしても、奥様のほうが主体となって、さまざまな仕様を決められるケースが少なくありません。また、当社には女性の設計者も多く、キッチンの窓を背の低い女性でも届くように高さを調節するなど、女性ならではの視点を生かした工夫が施されている点も、女性の支持の高さにつながっているようです。

つまり、「女性が女性のために考えた物件」だからこそ、女性に愛され、結果的に機能性を兼ね備えた、オシャレでこだわりのあるデザインが実現。その結果、入居者の方々から大切に使っていただけるという好循環につながっているともいえるのです。

美味しい&割安物件は水面下にある！「非公開物件」をどう厳選し、活用するか

ここまで「新築一棟×城南3区×女性」という公式に特化するからこそ、割安かつ人気物件が実現する背景、その具体的なノウハウについてご紹介してきました。

しかし、次のような疑問を抱く方もいらっしゃるかもしれません。

「そもそも、ネットで渋谷や世田谷の物件情報を見る限り、そんな安価で美味しい物件なんて、一つもないけれど……」

たしかに、ネット上の情報を見る限りはおっしゃる通りです。

しかし、じつは美味しい情報は、一般の投資家の方々があずかり知らぬところで取引されているのです！

そう聞いたら、驚かれる方もいらっしゃるでしょうか。

まずは、物件（土地）の流通の背景について解説していきましょう。

一般的に不動産市場でいう物件は、取引形態によって2つに大別されます。

一つが、誰でもインターネットや新聞の折り込みチラシなどでその情報を見ることができるもの。いわゆる公開物件です。

宅地建物取引業法（宅建業法）では、不動産の売主と媒介契約を結んだ不動産業者が売主から売却依頼を受けた場合、一定期間内にその情報を「レインズ」と呼ばれる不動産取引情報提供サイトに登録することが義務づけられています。

この「レインズ」に登録されると、他の仲介業者も自由にホームページやチラシなどで公開することが許され、みなさん、つまり一般の投資家の方々も自由にアクセスが可能となります。

しかし、じつは公開物件の数は、不動産市場に流通しているうちの約7割程度にすぎません。

では、もう一つは何か。それが残りの約3割を占める非公開物件です。

文字通り「一般には公開されていない物件」を指し、こうした物件は、土地を売りたい人、あるいは仲介を持ちかけられた不動産業者を通じ、情報が一般公開される前に買い取られたり、第三者に売却されたり、といった仕組みで取引されています。

本当にお買い得な物件は、水面下で売買されている――これも不動産業界ならではの知られざるルールなのです。

逆にいうと、みなさんがネットで見て「場所はいいけど、やっぱり高いなあ」と感じた物件、つまり公開物件は割高だったり、条件が悪かったりで、言葉は悪いですが「プロの買い手がつかなかった〝残りもの〟」が多いというのも現実なのです。

実際、「レインズ」で見たケースですが、渋谷区の30坪の土地情報が掲載されていたことがあります。小田急線・千代田線沿線の代々木上原駅徒歩5分と利便性や人気度では申し分のない物件です。

しかし、なぜかプロの買い手がつかないまま「レインズ」に掲載されている。理由は周辺の建築物の規制により、容積率が150％程度しか使えないにもかかわらず、代々木上原ブランドなのか、物件価格がかなりの強気で設定されていたことでした。

こうした投資効率から考えて割高な物件は、いくら他の条件が良くても、回転ずしで誰にも手に取ってもらえない不人気の皿ポジションとでもいうべきでしょうか。「レインズ」に載っても、長期間、放置されているケースが散見されます。

こうして、多くの投資家の方々の目にさらされてしまうことも、「やっぱり人気エリアの物件は高い！」というイメージ定着につながってしまうのでしょう。

非公開物件が安いのには、「早く売りたい」ワケがある

非公開物件の話に戻ると、そのメリットはズバリ安いこと。周辺相場よりかなりの安値で買えるものも少なくありません。

なぜか。そこに売主の「多少安くても、早く売りたい」という特殊な事情が働くからです。

よくあるのが相続前物件と呼ばれるもの。「相続が発生する前に早く売却したい」というケースです。

例えば、土地を相続したものの、十分な現預金がない場合、相続税の資金対策のために土地を売らざるをえないといったケースでは、通常、売主は秘密裏に、かつ早急にコトを進めようとします。

他の兄弟や親せきたちに知られてしまうと、反対されたり、相続権を主張されたりと、契約成立前に横やりが入る可能性が高くなるからです。

また、売却価格を知られることで、周囲の人間に懐事情を邪推されたり、無用な金銭トラブルが発生したりするリスクもあります。

そもそも、公開物件にしてしまうと、買い手が見つかるまでに数週間から数ヵ月間かかることもあり、破談になってしまったら、さらに数週間から数ヵ月も待たなければならない恐れもあります。

こうした事情を背景に、一定数の非公開物件が出回るわけですが、たんに公開できない事情がある、あるいは公開する時間がないという理由があるだけで、物件自体に特別な問題があるわけではありません。

むしろ通常は、相続案件をはじめ、面積が広いまとまった土地が一挙に放出されるため、広い敷地を必要とするマンションやアパートにとっては、理想的な物件といえるケースも多いのです。それでいて公開物件に比べ、平均して2～3割ほど安いのですから、着目しない手はありません。

例えば、当社のお客様で、公開物件であれば坪単価で400万～450万円は下らない高級住宅エリアの渋谷区富ヶ谷の土地を、坪145万円で購入された方がいらっしゃいます。

また、東京・世田谷区二子玉川の一等地で、坪250万円で取引されるはずの土地が坪100万円まで下がったこともありました。

どちらも半額以下のお値打ちものです。

とはいえ、マンションを建て、高い投資利回りを実現するには、当社レベルで毎月400～450件余り寄せられる非公開物件情報から、さらに好条件のものをしっかり厳選していくことが必須となります。

条件の一つが建物の高さ制限などの建築規制です。

先述したように、4階以上の高さが制限される第一種・第二種住居地域の場合、容積率が十分に使えず、共同住宅の建築には向かないという判断がされるケースがあります。

その他、134ページでも挙げたように、地区独自の条例、加えて将来的な賃貸ニーズ、坪単価の賃料相場（坪1万1500〜1万4500円程度）、土地取得コスト（平均2000万〜3000万円程度）など、複合的な要素を考え併せ、高い投資効率や相応の利回りが望める物件として、私たちが設計のプランニングを入れるのは1ヵ月で約30件。集まる物件のわずか1割弱です。

そのうち、実際にお客様にご提案し、成約にこぎつけるのは月3〜5件。まさに高い競争率をくぐり抜けた〝精鋭物件〟のみが、お客様の元に届けられ、晴れて日の目を見ることを許されるわけです。

なぜ、ここまで条件を厳しく吟味するのか。

もし、物件を〝転売して手数料を得る〟不動産会社ならば、売ったら仕事は終わりですから、ここまでこだわる必要はないかもしれません。

しかし、私どもは、土地のパフォーマンスを最大限に引き出すマンションを建て、かつ賃貸募集から管理までワンストップで半永久的にサポートしていくミッションをまっとうしていかねばなりません。

だからこそ、会社としても〝最後まで責任が持てる〟物件、〝お客様の夢をしっかりと実現できる〟物件を、仕入れの段階から選定していく必要があるのです。

おトクな非公開物件情報が、特定の会社に集中する理由

そもそも非公開物件については、どの不動産会社でも取り扱っているかというと、そうでもありません。いや、取り扱うことができない会社のほうが多い、と表現するのが適切でしょうか。

例えば、私どもに業者などからよく持ち込まれる案件が、相続人の間で相続の分割が決まる前の〝相続前物件〟です。

「○○のエリアに、これだけの土地があるのだけど、フェイスネットワークさんだったら、何坪ぐらい買って、プランニングできそうですか？」といった具合です。

事前相談のレベルで情報が持ち込まれるのは、あとで家族がもめることなく、スムーズな相続を実現していくためです。

そのためには、家族構成に合わせた資産配分、遺産分割に関しての家族のニーズ、さらに不動産以外の他の保有資産といったさまざまなバックグラウンドも考えながら、相続対策を含めた物件のプランニングを考えていかねばなりません。

例えば、

「土地の一部を3人兄弟の長男が相続し、残りの土地を売却して得た資金で、長男以外の2人に相続分の対価を支払いたい。よって、土地を売却したい」

といったケースを考えてみましょう。

日本の場合、いくら資産家でも、相続財産の約半分は土地が占め、現金が潤沢にあるケースはまれです。

そこで、公平な相続を実現するために、「先祖代々の土地の一部を手放し、現金を作るしかない」という苦渋の選択を取る方が多いのですが、そこで、私どもが提案するなら、「土地の売却益を得てオシマイではなく、せっかくならお2人分の賃貸マンションを建て、資産価値を高めていきましょう」

という選択肢も生まれてきます。

「相続税を払う現金がなく、やむなく土地を手放すしかない」

といったケースもよくある相談ですが、今後も続く相続人の長い人生を考えるならば、なるべく土地を売らずに、より高いキャッシュフローを継続的に生み出していけるようなプランをご提案するのが、私たちの役目であり、他社にはできない強みだと考えています。

それも、土地を売り払うだけの不動産業者にはないプランニングできる設計部門があるからこそ。こうした当社ならではの独自性が業界内でも重宝され、相続前物件をはじめとする非公開物件情報が多く集まるようになったのです。

非公開物件の入手は、時間＋スピード勝負！

ただし、いくら〝非公開物件の扱いはお手のもの〟といっても、今や物件の争奪戦は厳しさを極めており、いいものを確実に手にするには、提案力に加え、一層のスピード感が求められるようになっています。

私どもでは、新たな物件情報を入手すると、エリアに特化し、多数の経験を経てきた強みを生かし、容積率や建蔽率など、さまざまな案件を考え併せ、目指す利回り、収益性が確保できるマンションが建てられるかどうかを即、判断します。

基準がクリアできたものについては、

1　どのようなサイズの建物ができるか、設計プランを半日～1日で作成。それを基に、収支計画をリサーチする

2　その物件で賃貸可能スペースでいくらの利益が見込めるか、何％の利回りが取れるかなどを盛り込んだ事業プランを立案

3　最短1日、遅くとも3日以内にはお客様にプレゼンテーションを実施

4　お客様のゴーサインが出れば、すぐに融資サポートに入る

といった具合で、社内で連携を取りつつ、スムーズにプロジェクトを進行できるよ

う、常に臨戦態勢を取っています。

ここで、もし一般の投資家の方が非公開物件情報を手にできたとしても、設計事務所や施工者にそれぞれを依頼していては、なかなかスピード・時間勝負に勝てないというのが現実でしょう。

2020年以降、不動産業界はどうなる？

さて、今、不動産業界のホットな話題としては、2020年に首都圏の不動産が暴落するのでは、という「2020年問題」ともいうべきリスクがささやかれています。

しかし、「まったく恐れるに足らず」というのが私の考えです。ここまで解説してきたように、長期で安定収益が得られるであろう物件、エリア、ターゲットを見定め、その後の管理までしっかりとメンテナンスしていく限り、大きくキャッシュフローがブレたり、物件の値崩れが起こるようなことはまずないと予測しているからです。

また、現在の不動産バブルがはじけた後にこそ、会社の真価が問われる時代が到来し、私たちが求められる場面も一層増えてくるのではないか、とも考えています。

逆に、何らかの強み、独自性のない不動産会社は、数年後、今の不動産投資ブームがピークアウトした時点で、淘汰されていく可能性も否めないでしょう。

じつは、投資家のみなさんにとっても、置かれている状況は同じです。

東京オリンピックの熱気が落ち着いたころ、いわば〝宴〟が終わった後も、笑顔でいられるのか。あるいは、空室だらけの建物で、物件を売ろうにも売れず、不安にさいなまれる結果となってしまうのか。本書を手に取ってくださったみなさんには、ぜひ私たちと一緒に、前者の笑顔の勝者でいてほしい、と願っています。

そのためにも、東京圏でさえじわりと賃貸マンションの空室率が上昇傾向にある今こそ、長期的視点で不動産投資をサポートしてくれる〝プロ〟を味方につける重要性が高まりを見せているときではないでしょうか。

さて次章は、いよいよお金の話。

不動産投資をスタートするうえでの最初の関門となる融資のコツについて、解説していきます。普通の会社員が、どうすれば億単位の融資を引き出せるのか。元融資担当だからこそ知る融資の最新事情とスムーズに融資を実行するノウハウについて、惜しみなく公開してまいります。

第3章

社長の私が、
ほとんどのお客様といまだに
面談を行う理由

最新のファイナンス事情と金融機関からの融資を実現する9つの奥義

社長室にドッカリと座り、社員から上がってくる事業プランや物件情報をチェックしている――社長というと、そんなイメージを持たれる方もいらっしゃるかもしれません。

しかし、前職で金融機関の融資担当だった時代から、イスを温める間もなく、お客様の店舗の設計打ち合わせに参加したり、建築現場にも日参したりと、外を駆け回っていた〝現場好き〟の性格は直らないようです（笑）。

今も、いい物件があると聞けば、自ら愛車のゲレンデを飛ばして見に行くこともありますし、外出したら、建設中の物件を巡回パトロールするのが習慣となっています。

建物が完成したら、お客様に引き渡す前に、自分の目で物件の内外を隅々までチェックし、竣工にも立ち合います。

設計プランについて話し合う「プラン検討会」でも、社員と膝を突き合わせて侃々諤々やり合いますし、施工でご協力いただいているパートナー業者さんとの「安全大会」の催しとして、ゴルフコンペなどのイベントにも参加し、懇親を深めています。

不動産業とは本来、机上で右から左へ物件を動かして利益を得るものではなく、文字通り地に足つけて、設計プランを考え、施工し、賃貸募集から賃貸管理までしっかり回してナンボの世界です。

しかも、不動産マーケットは流行り廃りが激しいと前にも申し上げましたが、今は世の中の変化のスピードが速い時代です。

だからこそ、会社のトップである私自らが現場に出向き、その風向きを肌で感じることが、大事だと考えているのです。

〝一生の伴侶〟との初お見合いは、重大任務！

そんな日々の現場業務のなかで、どんなに忙しくても、絶対に他の社員に任せられない大事な任務があります。

それが、お客様との最初の面談です。

本書の前段でも触れましたが、私は不動産投資にご興味を持って、当社を訪ねてこられた方のファーストコンタクト、つまり最初のミーティングについては、必ず自身が実施しています。

社員数も少なかった会社設立当時ならまだしも、社員も物件数も増えた今もなお、なぜ自ら率先して、面談の場に臨むのか。

そこには大事な2つの理由があります。

1つ目は、トップ自らが会社のコンセプトをお伝えすることで、心底、納得いく形で私たちを不動産投資のパートナーに選んでいただきたいという思いがあるからです。

ここまでにも解説したように、不動産投資の考え方、手法、投資対象はさまざまです。

そのなかから、私たちは第2章で解説したように、「城南3区という人気エリアに、独自設計の新築一棟マンションを建て、長期で安定的な収益を上げていく」という手法が、不動産投資のベストな選択肢であるという信念のもと、すべての工程に責任を持ち、お客様を一貫してサポートしていくというミッションを掲げています。

いわば生涯の伴侶同様、お客様とは一生のお付き合いになるわけです。

そこに決して安くはない資金も伴う以上、途中で「私が望んでいたことと違った」とならないためには、当社のコンセプトを本音ベースでお伝えしたうえで、しっかりと腹落ちするまで納得いただくことが必須条件となります。

もし、ご自身の投資の目的が、「もっと利回りの高い中古物件を買いたい」「転売目的で物件情報が欲しい」というものならば、「フェイスネットワークより、別の会社のほうがいい」となることもあるでしょう。

何度もいうように、不動産投資には必ずしも「絶対にコレが正しい」という答えがあるわけではないのですから、そこはお客様の自由です。

しかし、ご縁あってお会いし、お話をしたうえで、

「フェイスネットワークさんで、新築一棟を建てたい」

と決心していただけるなら、なるべく途中で浮気（転売）ということにならないよう、長くお付き合いしたい。そのためにも、会社の責任者である私自身がお客様にしっかりと向き合い、１００％の信頼を得ていく必要があると考えています。

〝生き様〟を理解してこそ、最良のプランが提案できる

私どものことを知っていただくのと同時に、お客様にとって最も有効で最適なプランをご提案するには、こちらもお客様のバックグラウンドや物件に対するニーズを１００％理解する必要がある。これが、私が最初の面談をする2つ目の理由です。

どんな物件がいいのか、借入れをどうするか、などなど。

その人にとって不動産投資の正しいやり方は、置かれている状況や家族構成などによっても異なります。

例えば、今の仕事、年収一つ取っても、会社員の方で、年収曲線が40代後半~50代前半がピークになるという方と、自営業で65歳以降も現状の年収維持が期待できるような方とは、資金計画や事業プランのあり方も大きく違ってきます。

同じく自営業の方でも、「じつは本業が上手くいっていない」場合は、まずは本業の経営課題を解決しない限り、「不動産投資には手を出さないほうがいい」といった判断が必要なケースもあります。

逆にビジネスが上手くいっていても、今後、本業を拡大するために、借入れの予定があるならば、「借入金をこれ以上、増やさないほうがいい」と考えるべきケースもありえます。

また、もしお子さんが2人いらっしゃるという場合は、ゆくゆく相続でモメないよう、大きな建物を1棟建てるより、小さめの自宅兼用マンションを2棟建てるほうがベストな選択肢になることもあります。

私は、金融機関の融資担当時代から、開業独立や不動産事業などを志す多数の方々にお会いし、通算1万件以上ものプロジェクトを手がけてきました。

頭の引き出しには、多くのケーススタディやそこで活用した何万ものノウハウがしまい込まれているわけです。

その数多くの引き出しを開け閉めしながら、話を進めていくわけですが、じつは、お客様のなかには、過去の失敗した経験などから不動産業界自体に警戒心を抱いている方、そもそもお金の話をすることに抵抗があるといった方も多く、プライベートな話となると口が重くなってしまうような場面も少なくありません。


しかし、そこは元融資担当の経緯に加え、もともと人好き、話好きという性分が幸いしてでしょうか。気づいたら、昔からの親友のように、あれこれ話し込み、

「蜂谷さんに、すっかり丸裸にされちゃいましたね（笑）」

となることもたびたび、です。

ですから、当社においでになる際には覚悟しておいてください（笑）。

というのは冗談として、逃げ足の早い好条件の物件を素早くご提案に結びつけていくには、入り口の段階で、不動産投資のプランニングに必要となるお客様の情報をス

ピーディかつ適切に引き出し、しっかりと理解することが大前提となります。

こうしてお客様のお考え、いわば生き様を踏まえてこそ、胸に秘められた「こんな夢を叶えたい」「こんな物件を建てたい」というイメージを形にし、まさに一生涯のパートナーとしてサポートしていくことが可能となるのです。

その最初の扉を開けるのが、トップである私のミッションではないか。その思いから、日々、お客様と面接しています。

〝0次審査〟がスピード融資の秘訣⁉

私が行う面談には、もう一つの重要な意味合いがあります。

それは、金融機関の融資に際しての〝0次審査〟といった位置づけです。

よっぽどのキャッシュを持っている大富豪以外、いくらいい物件があっても、融資が下りなければ、話はそこでジ・エンド。賃貸経営どころか、土地の取得さえも叶いません。

さらに、近年は、加熱気味ともいえる不動産投資ブームのもと、いい物件はあっという間に買い手がついてしまいます。

こうした売り手市場を反映してでしょう。売買契約の際に「ローン特約」（契約締結後、決裁までに、万が一融資が下りなかった場合、物件の売買契約を白紙解除できる特約）をつける条件として、売主としては「融資の内諾（内定）」が取れている買い手を優先するケースも増えています。

融資が下りさえすればＯＫではなく、内諾までのスピード感も求められるようになっているのです。


当社ではスムーズな融資を実現するために、最初の面談で、大枠の属性、与信枠を確認したうえで、改めてさまざまな資料をご提出いただく「事前融資審査」を実施しています。

さらに、いい物件が掘り出され、提案した事業プランにお客様のゴーサインが出たら、即、融資のサポートに入ります。

つまり、お客様の条件を最大限に引き出せる融資を実行するためには、事業計画の立案から、折衝のサポート、金融機関ごとに応じた書類の作成、内諾に至るまで、素早い判断とアクションが必要となるわけです。

そのためにも、元融資担当の私が直接お会いし、いわば事前の〝0次審査〟を実施することこそが、お客様にとっての時間や手間のロスを最小限に抑え、スピーディにプロジェクトを進行していくうえでのカギとなりうると考えています。


こうしたスピード融資を実現するうえで、もう一つ、重視しているのが金融機関の担当者との情報交換、ミーティングです。

1日に多くて3～4人、平均して週に10人、月40人あまりは金融マンと会っているでしょうか。ほぼ毎日、どこかの金融機関の方とお会いしている計算です。

それほど頻繁に、数十人もの担当者と会う理由は何か。

それは、他でもありません。

お客様にとって、より良い条件で資金調達を実施するべく、融資まわりの旬の情報をリアルタイムに把握するためです。


一口に金融機関、融資といっても、審査内容やその基準は、金融機関や支店、担当者によって大きく異なります。プロジェクトの内容、お客様の状況によっても、相談するにふさわしい〝相手〟は異なるのです。

さらに、マイナス金利導入など、経済動向、金融情勢が目まぐるしく変化するなか、融資が受けられる条件も短いスパンで変わっていく傾向が顕著になっています。

決して大げさな話ではなく、同じ金融機関であっても、「3ヵ月前はこの条件で融資がスンナリ下りた」のが急にNGとなったり、担当者が代わっただけで、「この属性ではとてもムリ……」だったのが、手のひらを返したように、「Welcome!」となることもありえるのです。

よって、

「業界として、最近の融資のトレンドは？」
「融資条件に変化はありませんか？」
「他行でこんな条件で進めている案件があるが、貴行での検討の余地は？」

など、現在、私どもの会社でお願いしている案件についてだけでなく、こちらからの情報提供も含め、さまざまなヒアリングを実施しているのです。

では、ここからいよいよ元金融マンだからこそ引き出せる最新のファイナンス事情に加え、融資の基本的な考え方、私どもの会社ならではの融資を引き出すテクニックをご紹介していきましょう。

融資の奥義・その❶

属性に不安があっても、逆転は可能！

まずは基本編。金融機関が融資の審査をするうえで、判断基準となるポイントは、大きく次の3つが挙げられます。

1　物件の収益性

物件からどの程度の利益が得られるか。つまり、金融機関にとっては、融資した資金で取得される物件が、どれだけの収益力（利回り）を期待できるのかという点が評価ポイントとなります。

2　物件の保全性

物件のいわゆる担保価値を指します。万が一、買主が借入れを返済できなくなった場合、担保となる物件が「すぐに売れるのか」「いくらで売れるのか」などが評価されます。

3　その人の属性

融資対象となる人物の信用力を裏づけるバックグラウンドで、職業や肩書、過去3年間の年収の推移、自己資金（貯蓄の有無）、不動産投資の経験などが判断材料となります。

では、これらの3つのポイントについて、それぞれどのような比重で重視され、融資判断が行われるのでしょうか。

かつて金融機関で10年以上勤務してきた私の実感としては、

「収益性20％、保全性30％、属性50％」

といったところでしょうか。

もちろん、金融機関やプロジェクトの内容によっても、何を最も重視するかは変わってきますが、いつの時代になっても、属性を重んじる金融機関が多いのは、ほぼ変わらない傾向といえます。

よって、「自己資金が少なくて、キャッシュが回らない」と判断されるようなケースでも、定年がなく、65歳以降も一定の高収入が得られるような士業や開業医の方の場合、所得を家賃収入に合算した形で、融資の審査をはかってくれるような金融機関もあります。

しかし、逆に年収をはじめ、属性が弱い方でも、決してあきらめることはありません。年収1000万円以下の会社員や独立開業したてのような方でも、他の条件で信用力がカバーできると判断されれば、逆転のチャンスはあるのです。

例えば、

・ご自身、あるいはご両親などが資産価値の高い不動産を持っている
・両親が都内の一戸建てに住んでいて、いずれ相続を受ける

といった場合です。

こういう方は、保全性（担保力）を重んじる金融機関をチョイスすれば、思いのほ

かすんなりと融資を受けられることがあるのは、当社の案件でも実証ずみです。

次章でも紹介しますが、「独立開業して1年未満」「不動産投資の経験ゼロ」という一般的には厳しい条件の方でも、親御さんが保有していた賃貸物件を担保に、2億円超の融資を引き出したケースもあります。


また、買主がまだマイホームを取得しておらず、他の借入れが少ないといった場合もプラスの材料として判断されます。

さらに、最近では、20代の若さで2億〜3億円を全額融資で借り、一棟マンションを所有するケースも増えています。20代といえば、まだ年収はかなり少ないはずですが、東証一部上場の大企業などに勤務されているような場合だと、金融機関の評価はグッとアップするようです。

くり返しになりますが、属性重視といっても、それは一般論。金融機関の選び方一つ取っても、見方は180度変わってくるといってもいいのです。

融資の奥義・その❷

収益力が認められれば、満額借入れも可能！

「融資の奥義・その①」で申し上げたように、住宅ローンなどの借入れがないケースが融資にプラスに働くとするならば、逆に「自宅や他の物件ですでに多額のローンを組んでいる」場合はどうなのでしょうか。

じつは、近年の傾向として、満額借入れ（フルローン）をも引き出すことが可能となっているのです。

まずは、融資額を左右する不動産の担保価値について、金融機関がどのように評価をしているのか、解説していきましょう。

1つ目が、物件そのものの評価額を指す「積算評価」です。その名の通り、土地の評価額と建物の評価額を足した（積算）額で、一昔前は金融機関の多くが積算評価に基づき、融資額を決定していました。

しかし、ここ数年、物件そのものの価値ではなく、その物件が将来生み出すキャッシュフローがいくらになるのかを重視する傾向が強まっています。

それが、2つ目の方法となる「収益還元評価」。「純収益÷還元利回り（キャップレート）」で計算され、つまり「賃料収入などから計算すると、売却するときの価値はいくらになるのか？」で評価が決まります。


一般的に、積算法に基づいて担保価値を計算した場合、その価値は実際の取得価格の5～7割程度。しかし、収益力の高い物件であれば、収益還元法に基づいて計算した担保価値がその額を上回ることもあります。

つまり、場合によっては、思わぬほどの大きな金額の借入れも可能となり、自己資金ゼロでも、賃貸経営に乗り出すようなことも可能となっているのです。

実際に〝思わぬ額〟を引き出した、私どものお客様のケースをご紹介しましょう。

最初の面談でお話を聞くと、都内一等地に区分所有のマンションを2戸保有しており、その2戸分で1億5000万円弱の借入れがまだ残っていると言います。

「じつは、自宅を買う際にも住宅ローンを組めず、別の不動産を売却して購入したんです……」

新たにアパートローンを組むには、かなり厳しい状況でした。

実際、金融機関もなかなか首をタテに振らず、一度は一つの金融機関で否決されてしまいます。

しかし、そこはプランニングには自信のある当社の踏ん張りどころです。

再度、収益性をさらに引き上げたプランを提案し、最終的にはフルローンで2億円超の融資が実現しました。

ただし、くり返しになりますが、〝思わぬ額〟を実現させるには、将来のキャッシュフローが十分に得られる物件を選ぶことが大前提となります。

さらに、家賃をいくらに設定し、どのようにして入居者を確保し続けるかという綿密な事業プランを立て、かつそれを説得力を持ってプレゼンできるかが問われます。

こうした難関な融資案件をクリアするためにも、あらかじめプロジェクトを開始する時点で、事業プランをしっかり確定しておく、つまりワンストップでサポートしていくことが肝要といえるのです。

融資の奥義・その❸

自己資金ゼロでも融資OK

「融資の奥義・その②」で、「自己資金ゼロで、満額借入れを実現した」事例を取り上げましたが、実際、属性などによっても、投資額のほぼ全額を貸してくれるような金融機関は確実に増える傾向にあります。

かつて「不動産投資をするには2〜3割の自己資金が必要」といわれた時代から、なぜ融資姿勢が緩和されるに至ったのか？

ここで、そもそもの金融機関のホンネを明かしますと……。

ご承知の通り、金融機関は個人や法人から預金を集め、それを預金より高い金利で貸し出すことで利益を稼いでいます。

その貸出先の〝お得意様〟といえば、ズバリ企業でした。

「でした」と書いたのは、今でこそ「失われた20年」といわれた不況時から、大企業は復活傾向にあるものの、日本の企業の9割を占める中小企業は、２００９〜14年の

5年間で、40万社近くが倒産や廃業に追い込まれているというデータもあるように、いまだ苦しい経営状態から脱却できていません（中小企業白書調べ）。

つまり「貸したくても、借り手がいない」。こうした状況が続くなか、新たなる〝お得意様〟を求め、金融機関が熱い視線を送っているのが、活況を呈している不動産市場なのです。

過去最高3・1兆円——これは、2015年、銀行が個人向けに実施したアパートローンなどの貸家に対する新規貸出の総額です（日本銀行調べ）。

融資残高についても、2015年末で21兆円超え。これも過去最高を塗り替える額です。それだけ、不動産投資の裾野が広がり、貸出先に悩む地方銀行らが積極的にアパートローン市場に打って出ている証といえるでしょう。

実際、数多くの金融機関の担当者に話を聞くなかで、地方銀行の融資姿勢は積極的で、特に資産価値が高く、収益性も高い東京圏の物件への融資を取り扱っていこうという機運の高まりを感じます。

もう一つ、金融機関が積極的にアパートローンを扱う理由として、他の事業資金よりも貸し倒れリスクが小さい点も挙げられます。

先の中小企業の倒産・廃業データ然り、飲食店などは開業5年以内に9割が閉店してしまうという話もよく見聞きします。

しかし、不動産事業の場合は、「10万円の家賃の部屋が15部屋ある物件の家賃収入が、一度に半減してしまう」といったようなリスクは極めて小さいといっていいでしょう。

よって、収益性、保全性、属性の三拍子そろう物件、貸出先が対象となれば、

「ぜひ、当行でローンを取り扱いしたい！」

というのが金融機関の基本的な姿勢なのです。

こうした情勢を踏まえても、「億単位の融資を受けるなんて私にはムリ」と思っていた方にもチャンス到来。条件に合った金融機関の選択肢も一層の広がりを見せているのです。

融資の奥義・その❹

担当者の〝クセ〟をつかむべし！

融資の審査方法や結果は、金融機関によって異なるのはもちろん、支店や担当者によっても変わってくると申し上げました。

実際、ウソのような話ですが、同じ金融機関でもA支店では融資ＯＫなのに、Ｂ支店でＮＧになったり、担当者が代わったのを機に、判断が大きく変化するようなこともあります。

つまり、「審査が厳しい」と評判の金融機関でも、いい担当者にめぐり合うようなチャンスに恵まれれば、予想以上の好条件で融資が受けられることもあるのです。

では、自分の条件に合った金融機関、そして担当者との〝出会い〟のチャンスをつかむにはどうしたらいいのか。

じつは、私が、ほぼ毎日、金融機関の担当者とのミーティングを欠かさないのも、そうした〝出会い〟を大事にしているためでもあるのです。

これまでの数多くの金融機関との取引、担当者との幾度もの交渉を経て、「どんな質問をされるのか」「どんな条件を重視するのか」といった経験値を蓄積するとともに、日ごろから数多くの担当者と会うことで、

「このプロジェクトなら、あの金融機関が向いている」

「あの担当者なら、いい条件を引き出せるだろう」

と、より確度の高い判断が可能となるのです。

また、ローンの申し込みから稟議までは、さまざまな種類の書類の提出が求められ、しかも必要書類は、金融機関や支店によっても異なります。融資基準の変化なども踏まえ、過不足なく、〝フルセット〟で書類をそろえるだけでも、個人の方にとっては、高いハードルといっていいでしょう。

ここで、「あれが足りない、これではダメ」などと言っていては、審査が下りるまで刻々と時間は過ぎ、いい物件を逃すハメになりかねません。担当者にも、余計な負荷がかかってしまいます。

こうした小さな事務手続き一つを取っても、融資調達のノウハウが豊富な不動産会

社と、そうではない会社とでは、結果的に融資の成約率にも大きく影響しかねないのです。

融資の奥義・その❺

属性・収益力アップで〝借り換え〟もOK！

「賃貸経営を始めるなら、ゼロ金利の今がお得！」

不動産投資のセミナー広告や、雑誌や新聞の不動産特集の記事などを見ると、そんな宣伝文句が目につきます。

実際、日銀のマイナス金利導入を背景に、預金金利の低迷ぶりは相変わらずの一方で、〝借りる〟ほうの住宅ローンやアパートローンの金利については、金融機関の融資姿勢の緩和傾向もあり、有利な状況にあるのは間違いないといえます。

ただし、一口に金融機関といっても、プレイヤーが多岐にわたれば、引き出せる金利などの条件もそれぞれ異なります。

大きくは、政府系、メガバンク、地方銀行、信用金庫・信用組合、そしてノンバンクなどが挙げられますが、なかでもメガバンクが打ち出すアパートローンの優遇金利については、1%を切るのはザラ。場合によっては0・3%台といった極めてゼロに近い好条件を引き出せるようなケースも出てきています。

一方、信用金庫や信用組合については、金利水準はやや高めです。

両者に金利差が存在する理由としては、資金市場から安い調達金利で資金を調達でき、スケールメリットから貸付1件ごとの経費率を低く抑えられることが可能なメガバンクに対し、中小企業がメインの貸出先の信用金庫などは、貸出金額が小さく、経費率が高めになってしまうことも、挙げられます。

「どうせ借りるなら、低金利で借りたい！」

というのが、借りる側の共通した思いでしょうが、基本的に融資のハードルと、金利水準は反比例の関係にあります。

しかし、属性などの条件が整わず、

「メガバンクで借りるなんてとてもムリ」だった方でも、セカンドチャンスが残されています。それが、他行への借り換えです。

「住宅ローンなら、金融機関の借り換えを経験したことがある」と言う方もいらっしゃるでしょうが、じつはアパートローンも同様。属性の変化や、収益力の推移によっては、より有利な条件で借り換えを実施することも可能なのです。

実際、私どものお客様でも、当初は某金融機関で年利3％台で融資を受けたものの、賃貸経営で安定的に7～8％の利回りを継続したことが認められ、投資3年目で1％を切る金融機関での借り換えを実現した方がいらっしゃいます。

審査が厳しいといわれるメガバンクでも、物件の収益力がしっかりと確認できれば、借り換えOKとなることもありえるのです。

また、メガバンクに限らず、収益性が確保された物件を対象に、借り換え案件を優先的に取り扱う金融機関も出てきています。

新規と違い、借り換えの場合は、2～3年分の決算書や確定申告書を見れば、これまでの経営状況も数値で丸わかり。金融機関によっては、「金利水準を緩和しても、新規案件よりも確実性の高い借り換え案件を取り扱うべし」という判断をするケースもあるのです。

融資の奥義・その❻

同じ金融機関での〝条件変更〟も可能！

わざわざ他行への借り換えをするまでもなく、すでに借入れをしている金融機関で、より有利な条件への変更が可能な場合もあります。

お客様のなかでも、賃貸経営をスタートして3年目、本業の年収および物件の収益力アップのダブル技で、当初の金利の大幅引き下げを実現した事例があります。

金融機関としても、優良な貸出先なら、たとえ多少金利を下げても、他行に逃げられたくないというのがホンネでしょう。よって、金融機関や諸条件によっても対応は異なりますが、「他行への借り換えを検討している」ことを材料に、交渉成立となるケースもありえるのです。

ただし、大前提として、くり返し申し上げておきたいのは、借り換えや同じ金融機関でのローン条件の交渉が可能となるのは、あくまでも属性や収益性がアップしているケースに限るということです。

「借り換えで金利○%ダウンを実現しました！」

といった巷で流布される噂を鵜呑みにし、

（じゃあ、私も！）

とばかりに、やみくもに金利引き下げの交渉をしようとしても、属性や収益性の条件をクリアしない限り、なかなか難しいという現実はしっかり心しておきましょう。

融資の奥義・その❼

金利が高めの信用金庫も、低金利実現の手アリ！

一般的に、金利がやや高めの信用金庫や地銀についても、やり方によっては、低水準を実現することも可能です。

「代理貸付」を活用するやり方です。

店舗網が充実してない金融機関が、その商品販売に当たって、民間金融機関に代理販売してもらうというシステムで、あるお客様の融資で活用したのが、信金中央金庫の融資です。

詳しい解説は割愛しますが、信金中央金庫には、メガバンク並みの低金利の商品があり、それを「代理貸付」という形で、別の信金店舗に引っ張ってくることで、より低水準の金利を実現するというやり方です。

一般的に、「代理貸付」そのものの知名度が低いうえに、代理販売する金融機関にとっては、手数料は得られるものの、自行の実績にはならないため、販売が推奨されにくい商品です。

しかし、やり方によっては、有利な融資条件を実現しうる方法ですので、応用編として覚えておくとよいでしょう。

融資の奥義・その❽

〝取引ぶり〟にしばられず、シビアな交渉が有効なときも

「A行から融資の審査が下りた時点で、建物の施工会社を指定された」

「指定のあった業者以外の施工会社のプランで行きたいと思っていたところ、融資が難しくなると言われた」

そんな経験をしたことがある方もいらっしゃるかもしれません。

これも業界ルールの一つですが、一部の金融機関と施工会社の間には系列関係があり、施工会社の指定が融資の条件となるケースがあります。

こうした系列、グループ会社のいわば〝セット販売〟が実施されるのは、不動産業界に限った話ではありませんし、その施工会社のプランを気に入っているという場合なら、まったく問題はありません。

しかし、

「融資を受けるためには、イヤでも指定された施工会社のプランで行くしかない」

「お付き合いのある金融機関だから、断りづらい」

となっているとしたら、今一度、考え直してみていただきたいのです。

私どものお客様のケースをご紹介しましょう。

昔から取引がある金融機関で融資を申し込んだところ、審査はスンナリ下りたものの、施工会社が指定され、しかも上がってくるどの設計プランも意に沿わない。そこで、私の元に相談にお見えになったという経緯でした。

「お付き合いのある金融機関との取引を優先しつつ、当社でもより良い条件を引き出せるよう、提案してまいります」

そうお話しし、私どもでも設計プラン、お客様に合った金融機関のご紹介、融資プランの提案を同時に進行していきました。

結果、私どもの設計プラン、相続対策を踏まえた事業プランをも併せて気に入っていただき、融資に関しても、お付き合いのある金融機関より、幸いにも有利な条件を引き出すことができたのです。

もちろん、自営業の方をはじめ、古くからのお付き合いを重視したいという方もいらっしゃるでしょう。

最後の判断はお客様次第です。

とはいえ、不動産投資は大きなお金が動く〝事業〟ですし、金利水準が0・1％違うだけでも、キャッシュフローが大きく変わってきます。

義理人情を取るか、シビアに実態で判断するか。

以降の金融機関の付き合い方も見極める必要がありますが、一ついえることは、これまでの〝取引ぶり〟、つまりその金融機関との付き合いの年数や借入れの実績に関係なく、有利な融資条件を提示する金融機関も増えているということです。

お付き合いのある金融機関の融資条件や、提案のあった設計プランに対し、「もっと幅広く選択肢を検討したい」と考えるならば、少し視野を広げてみてもいいのではないでしょうか。

それが、不動産投資を成功させるために、融資からサポートするという、私どものスタンスでもあります。

融資の奥義・その❾

キャッシュフロー&相続対策も見据えるなら、借入期間は長めが正解

「ローンを組むなら、毎月の返済額が多少キツくても、なるべく短期で返済したい」

融資期間について、そのような考えをお持ちの方もいらっしゃるようです。

たしかに、10~15年で返せば、

「肩の荷も下りるし、完済後は賃料収入の全額をキャッシュフローとして得られるのだから、そこからしっかり収益を確保していけばいい」

という考え方もできるでしょう。

しかし、ここで一つ注意点があります。

実際、私がお会いする投資家の方々のなかにも、返済期間が短期で設定される政府系金融機関で融資を組んでいるようなケースが多く見られます。

しかし、状況を聞くと、ほぼ収支はトントン。

月々の返済額がどうしてもかさむため、返済期間の10～15年は手残りがほとんどないという状況に陥っている方が大半です。

もし、「1棟しか保有する予定はない」と言う方ならば、それでもいいと思います。

しかし、2棟目を建てる予定があるなら、話は別です。

2棟目を手がけたいとなった場合、融資の審査基準は新規物件の収益性だけでなく、既存物件のキャッシュフローもしっかりとチェックされることになります。

さらに、実態は「トントン」でも、金融機関の考え方として「トントン＝赤字」という厳しい判断をされやすい。〝トントン収支の物件〟が思いがけず融資のネックとなるケースがあるのです。

どのようなスタイルで不動産投資をしていきたいのかは人それぞれです。

しかし、多くのお客様を見てきた経験からいって、最初は、

「新築一棟マンションなんて、私にはムリ」

と言っていた方も、いざ1棟を保有すると、

「やっぱり2棟目にも挑戦したい！」

となるケースが大半です。

となれば、今は予定がないとしても、次の融資の可能性もにらみつつ、月々のキャッシュフローを重視し、融資期間を長めに設定していくほうが、現在の金利水準から見ても有効ではないか、というのが私の考えです。

相続対策も併せて考えるならば、なおさらそうです。

賃貸物件を建てることで、土地や建物の相続税評価額の引き下げが実現しますが、その際の借入金についても資産総額から差し引くことができるため（債務控除）、さらなる相続財産減、節税が実現します。

こうした債務控除の効果を最大限に享受するには、さっさと早期で完済してしまうより、借入期間を長期に設定し、ご存命のうちは、リタイア後の生活費としてしっかりとキャッシュフローを得られるようなプランを、お客様にもお勧めしています。

実際、賃貸物件を活用した相続対策のニーズも高まるなか、金融機関のなかには、「47年ローン」「50年ローン」といった商品を取り扱うようなところも登場しています。

アパートローンの返済期間は、対象となる建物の耐用年数によって設定されるため、長期のローン設定も可能となります。さらに、共同でローンを組む相続承継人を立てることを条件とすれば、80歳超の高齢の方でも問題なくローンが組めるようになっています。

このように、アパートローンと一口にいっても、商品の選択肢はさまざま。時代の変化に合わせ、金利水準や返済期間のバリエーションも豊富なローン商品が続々と登場しています。

そこで、いかに有利な商品を選び、自分にとって最適な条件を引き出せるか。その観点からも、融資の最新事情に明るいパートナーを味方につけることが肝要となっているのです。

「本業の赤字を不動産投資でカバー」はNG！

ここまで、さまざまな融資の最新トレンド、私どもの会社だからこそご提供できるノウハウの数々をご紹介してきました。

念のために申し上げておきますと、当社にお見えになるすべての方々が、100％有利な条件で融資を引き出せるとは限りません。

実際、最初の面談で、「今の属性では、まだ厳しい」と判断したら、「もう少し本業でがんばって、目標に近づいたらまたいらっしゃってください」と、率直に申し上げることもあります。

これは、23歳で当社にお見えになった男性会社員のケースですが、一部上場企業にお勤めとはいえ、まだ入社2年目で、年収は500万円程度。地方にお住まいのご両親を保証人につけるのも難しく、「また数年後にいらしてください」と送り出しました。

その方が再びいらしたのは、5年後のことです。

「がんばって、年収もかなり上がってきました」と胸を張る彼。

聞くと年収は800万円にまで増え、社会人経験を積んできたせいなのか、不動産投資への意気込みや将来のビジョンも、以前より明確になった様子でした。

その後、早速、プロジェクトを始動。現在、世田谷に新築一棟を保有し、会社勤務の傍ら、不動産経営でもしっかりと収益を獲得しています。

50代の自営業の方が「不動産経営を始めたい」とお見えになったケースもご紹介しましょう。事前融資審査の書類として、本業の決算書を見せていただくと、残念ながら赤字状態が続いていました。債務の額もかなり膨らんでおり、利息支払いも滞っている状況です。

「本業が上手くいってないから、副業で不動産投資を始めてカバーしたい」

そう考えての決断なのでしょうが、じつはこうした場合の金融機関の融資姿勢は極めて厳格なものとなります。

ここで、金融機関が貸出先の良し悪しをどのように判断しているかをざっくり解説しましょう。

基準となるのは、金融庁が金融機関を検査する際の「金融検査マニュアル」のなかの「信用リスク検査マニュアル」による自己査定。これに基づいて、金融機関は自行の貸出先の信用格付を分類しています。

分類は「正常先」「要注意先」「要管理先」「破綻懸念先」「実質破綻先」「破綻先」の6つとなります。

ここで「実質破綻先」「破綻先」への融資が厳しくなるのはもちろんですが、業績が低調で金利減免、利息支払いが停滞している「要管理先」、経営破綻に陥る可能性が高い「破綻懸念先」に分類されてしまうと、金融機関には、それぞれ債権の無担保部分に対し15％、70％の貸倒引当金を積むことが義務づけられます。

つまり、いくら不動産投資で高い収益性が望めても、本業で「要管理先」以下に分類され、「本業の赤字が、不動産投資の利益を食べてしまう」恐れがあるようなケースでは、融資の実行は極めて難しいと判断せざるをえないのです。

「〝根本にある問題〟を解決しない限り、不動産経営をスタートするべきではありません」

私は、不動産投資を志す方に、そう申し上げることがよくありますが、この経営者の方の場合、「本業の赤字＝根本にある問題」でした。

こうした「本業が上手くいっていない」ケースに対しては、僭越ながら、今後の本業の事業プランをどうしていくべきか。不動産経営以前のお話、ご相談からさせていただくことがあります。

自分より年齢、経験も上の経営者に対して、失礼は承知のうえです。

（お前に何がわかるんだ）

と、抵抗感を示される方もいらっしゃいます。

しかし、ゆくゆく問題が深刻化することが明らかな状況にあっては、いくらお客様相手でも、「ＮＯ」を言わなければならないこともあります。

これも長期スタンスで不動産投資をサポートしていくというミッションを掲げているからこそ、なのです。

実際、この50代の経営者の方は、私のご提案を受け入れてくださって、事業再生を見事果たすことができました。そのうえで、改めて不動産経営をスタートし、念願の本業の早期リタイアも実現することができたのです。

自分＆家族全員の信用情報は必ずチェック

くり返しになりますが、いくらいい物件があっても、融資が受けられない限り、その物件を手にすることさえできません。

その前提として、セミナーなどでも必ず申し上げていることがあります。自身の与信枠（融資の限度額）を把握する作業として、「ご自身を含め、融資に関わる方全員の信用情報をチェックしておいてください」ということです。

融資の審査において、金融機関との取引の積み重ね（取引ぶり）を重視する傾向は薄れつつあるというのは、すでに申し上げた通りです。

その理由の一つとして、個人の信用情報が把握しやすくなったことが挙げられます。かつて、金融機関が把握できる個人の信用情報は、割賦販売法・貸金業法指定信用情報機関（ＣＩＣ）、全国銀行個人信用情報センター（全国銀行協会）から取得できるものに限られていました。

しかし規制緩和で金融機関がノンバンクを管理するようになると、ノンバンク系の日本信用情報機構（ＪＩＣＣ）が登場します。

融資希望者の与信情報をほぼ完全に把握することが可能となったことで、まったく取引のなかったような金融機関でも、信用情報および事業計画に問題さえなければ、決裁が下りやすくなったのです。

一方で、予想外の形で、信用情報の問題が発覚し、融資が認められないケースも発生しえます。

実際、私どものお客様のケースですが、連帯保証人につけたお子さんが、クレジットカードの返済を2度延滞したことが、金融機関に把握され、土壇場で融資がNGとなったことがありました。

そう、「自分は借金を延滞したこともないから大丈夫」と思っていても、決して安心はできないのです。

私は、不動産投資を始めたいというお客様当人だけでなく、必要に応じて、そのお子さんやご実家のご両親にも直接お会いし、お話をうかがうようにしています。

すると、意外にも、いや家族間だからこそなのか。いくら資産を持っているかはともかく、借金があるのかないのかも、まったくお互いに知らないというケースも少なくありません。

お節介のようですが、ご家族にお会いして、ヒアリングを経て初めて、先に挙げたような〝根本にある問題〟が発覚することもありますし、逆に問題の解決方法を見いだせるようなこともあるのです。

一番良くないのは、最後の最後に〝悪い事実〟が発覚することです。

例えば、先のケースのように、ほとんど稟議が通っていた段階で、最後に連帯保証人の信用情報に問題があることに気づいた。そこで却下となってしまうと、新たに打てる手は多くありません。

ですから、不動産投資を始めるにあたって、金融機関からの借入れを考えている方は、まず先に挙げたＪＩＣＣやＣＩＣ、全銀協に問い合わせ、ご自身を含め、融資に関わってくる方全員の信用情報をチェックしておくことが大事なのです。

その結果次第では、「保証人がなくても借りられる金融機関を選ぶ」という選択肢もありますし、マンション経営のための法人（資産管理会社）を設立し、法人契約で融資を組めば、その代表者を連帯保証人とすることで、実質保証人が不要となるケースもあります。

法人名義でマンション経営を行うケースについては、特に本業の所得が高く、不動産所得が加わることで、所得税負担が重くなりがちな高所得者にとっては、節税につながるというメリットもあります。

数年前はＮＧでも、「今なら不動産投資を始める好機！」

逆に数年前であれば「絶対に融資ＮＧ」という判断だったのが、融資姿勢が緩和傾向にある今なら、プロジェクトが現実のものとなりうるケースも出てきています。

8年前、私のセミナーにいらした方の事例です。

セミナーを聞き、当社のコンセプトにご賛同いただいた様子で、

「社長の話を聞いて、不動産投資を始めたいと決心がつきました」

そんな前向きのメールが、私に直接、届きました。

しかし、手元にある資金は１０００万円程度。自己資金が2～3割必要とされた当時の融資条件としては厳しく、その時点では再訪をお願いする判断となりました。

「頭金２０００万円を貯めたら、またご連絡します」

そんな約束を正直、忘れかけていた昨年、再び私にメールが届きました。

どうやら、その間、他社で優良とはいえない物件を紹介されるなど、さまざまな紆余曲折を経たご様子でした。

「やっぱり、フェイスネットワークさんとやりたいんです。私の今の夢は、息子2人に社会の役に立つ人間になってほしい。そのために、彼らが大学に通う学費として1000万円のキャッシュフローを得られるよう、改めて不動産投資をスタートしたいんです」

母親としての夢が綴られたメールを見て、

「今なら方法はあります。ぜひやりましょう」

私は、即、メールを返信しました。

近いうちに、物件を見ていただき、いよいよ彼女のプロジェクトが始動します。

「不動産投資をやるうえで、長期的ビジョンをしっかりと持っていただきたい」

冒頭から、私がしつこいように申し上げてきたのは、ブレない思いがありさえすれば、彼女のように何があっても決してくじけることはない、と考えるからです。

そして、しっかりと夢を描き、「不動産投資でその夢を叶える」と心に決めれば、必ず成功できる。そう信じているからです。

「もういい大人なんだし、夢なんて青臭いことは言ってられないよ！」

と言う方も、もう一度、自分がやりたかったことを思い返してみてください。

ひょっとしたら、数年前は実現性が10％だったことが、今は80％、あるいは100％になっているかもしれません。

「あきらめなければ、必ず夢が叶う」

これは私の信条でもあります。

また、どんなハードルがあっても「死ぬこと以外はカスリ傷」（笑）。

これも「あまりに楽天的すぎる」ともいわれる私の生き方の指針でもあります。

最後の章では、普通なら難しいと思われるハードルを見事クリアし、不動産投資を成功させ、ご自身の夢を実現した方々の事例をご紹介します。

第4章

なぜ、難しいと思われる案件を実現できたのか？不動産投資で“夢”を叶えた5人のストーリー

（＊プライバシーを尊重し、実話の一部を変えています）

時代の荒波を乗り越え、まさかの7棟保有のオーナーに。夢のセミリタイアを実現！

Aさんの場合

「蜂谷さんじゃないですか！　お久しぶりです。こんなところで何をしてるんですか？」

「1年前に、金融機関を辞めて、今は不動産会社をやってるんですよ」

「えっ、本当ですか？　じつは、私、ずっと不動産投資をやりたいと思っていたんです」

Aさんは、私が金融機関に勤めていたころからのお付き合いです。1997年、Aさんが飲食店をオープンする際に、融資を担当したのが最初のご縁でした。

そして、偶然、再会したのは、私が独立して1年目。物件を見た帰り、昼食を取るために立ち寄った世田谷のラーメン屋さんでした。

人の縁とは、まったく不思議なものです。

再会の日から1週間後。早速、会社にお見えになったAさんと打ち合わせがスタートします。

「本業の飲食店も、お陰様で順調なんですよ」とAさん。

著名人や会社経営者がお忍びで訪れるなど、予約でいつも満杯の人気店だとか。

「でも、飲食店をオープンしたときからずっと、安定した収入が欲しいと思っていたんです。飲食店って、日銭は入るんですが、増減があるんですよね……」

たしかに、金融マンとしてお会いしていたときから、

「具体的なプランはないんですが、いつかビルを建てたいんですよ」

と口にしていたAさん。そのときの、

「じゃあ、銀行との付き合いを深めるためにも、定期預金の口座を開いて、積立預金をするといいですよ」

という私のアドバイスを忠実に守り、すでに2000万円を貯めていました。そして、

「最終的には賃貸マンション4棟を建て、1棟50万円のキャッシュフローを得る。月200万円のキャッシュフローができたら早期リタイアしたいんです」

ビジョンも非常に明確で、かつ具体的でした。

こうして、打ち合わせをした半年後には、コツコツと貯めた貯金を元に、世田谷に土地を購入するに至ります。

「4棟目までは絶対に作りたい」……その思いを胸に奮起

トントン拍子に話が進んだように見えますが、じつは、1棟目で予想以上に大変だったのが融資でした。

自己資金もあり、本業も順調。今だったらまったく問題なく融資が決まるところですが、当時は、アパートローンを扱っている金融機関自体が非常に少なく、選択肢がほぼないような状態でした。

最終的に、当社が提案した収益性の高いプランが認められた一つの銀行でＯＫに。はらはらしていたＡさんと2人で胸をなでおろしたことを、覚えています。

その後、ミーティングで詳細を詰めていきますが、プロジェクト初期の打ち合わせは「定例会」といって、週1回ペースで行います。

いつも楽しそうに、設計担当者、施工担当者ともあれこれ話し合っているご様子でしたが、夜遅くまでの飲食店経営の傍ら、体力的にも時間的にも決してラクではなかったと思います。しかも、Ａさんは妥協が大嫌い。壁紙やドアノブなど、細かいところ一つ取っても、こだわりはハンパじゃありません。

こうして、試行錯誤を経て、Ａさんの思いを乗せた念願のマンション、地下1階、地上4階建ての建物が完成します。

「思い入れが強すぎて、ちょっとこだわりすぎちゃったかもしれません（苦笑）」

あとからＡさんもそう振り返っていましたが、「4棟目までは絶対に作りたい」という思いがブレることはありませんでした。

「最初の経験を、早く次で生かしたい」という希望で、1棟が竣工したその翌年には、

2棟目のプランニングに入っていました。

2棟目の敷地として取得したのは、目黒区に位置する、角地の不整形地。お得な価格とはいえ、ムダなく設計プランを立てるには、ひと工夫もふた工夫も必要です。

「こんな土地に、いったいどんな建物が建つんだろう？」

と、当初、Aさんもやや不安げでしたが、ここで設計担当者が提案したのが、直角が一つもないという画期的な建物。それでいて、容積率300％、建蔽率90％と、ムダのない合理的なプランに、Aさんも大満足してくれました。

そして、設計プラン通り、〝直角のない建物〟が見事に完成します。

「1棟作ってみて、『あの作業はやめればよかった』『あの部分はもう少し詰めるべきだった』といった問題点が見えていたので、2棟目は非常にラクでした」

と、Aさん。

一度でも経験するのとしないのとでは大違い。自分なりのスタイルも見えてくるようです。

こうして、すぐに3棟目のプロジェクトへ移り、世田谷の借地権の物件で翌々年に竣工。続く4棟目は、自宅兼用の賃貸マンションを建てたいというリクエストをいただきます。

目標の4棟目をクリア後、何と5棟目に挑戦!

この自宅兼用マンションについては、Aさんの希望で、設計事務所3社によるコンペを行うこととなりました。

「賃貸部分は、今まで通り、長く住んでいただけるようなつくりで、自宅部分に関しては、やりたいことは全部反映させたい」

妥協の嫌いなAさんらしい発案でした。

世田谷区の風致（樹林地・水辺地などで構成された良好な自然景観）地区による敷地境界からの遠隔距離制限、第一種低層住居専用地域といったさまざまな制約のあるエリアでしたが、コンクリートの打ちっぱなしがスタイリッシュな長屋タイプのワンルーム5戸、Aさんが好きだというシックな木目を生かした最上階の5LDK住戸というプランにご納得いただき、無事竣工します。

さて、この4棟目で、当初の目標は達成できたはずなのですが、すでに4棟目の竣工時には、5棟目の打ち合わせが進んでいたのです（笑）。

「最初はちょっと大変だと思ったんですが、プランニングの段階で、自分の意見を反映させることができるのは、新築一棟ならでは、ですよね。そして、フェイスさんは、どんな細かいこだわりにも耳を傾けてくれて、かつ予想を超える提案をしてくれる。そのやりとりが醍醐味なんです」

そんなふうに新築一棟を建てる魅力を語ってくれたAさん。

じつはAさんほど貪欲でなくても、「1棟持てればいい」と思っていた方が、1棟目を竣工すると「2棟目もやりたい」とおっしゃるケースはじつに多いのです。

こうしてAさんは5棟目、6棟目を世田谷、そして6棟目と同時進行で目黒にも7棟目のアパートを建て、ここでようやく念願のセミリタイアを果たします。

これまで手がけた7棟はすべて私どもの会社で賃貸募集から管理業務まで、トータルで請け負っていますが、空室が生じたことはありません。

すべて満室で回っており、キャッシュフローはすでに最初の目標を上回る月300万円弱ぐらいのプラスになっています。

プロジェクトごとに金融機関がまったく異なる理由とは?

金融機関の融資担当のころからのお付き合いであるAさんと、7棟を手がけてきた期間は14年。振り返ってつくづく思うのは、ファイナンス事情の変化の目まぐるしさです。

1棟目の融資先では、選択肢が少なく、苦労したのはすでに触れた通りですが、リーマンショック後は、軒並み金融機関が融資をストップし、アパートローンが一切できなくなったこともありました。

けれど、そこから数年を経て、今のように、多くの金融機関が積極的に融資を扱うような時代も来るわけです。

こうしたファイナンス事情の大きな流れに加え、オーナーさんの属性の変化によっても、融資の判断は大きく違ってきます。

経営者の場合、法人として会社に利益を残すべきか、会社から役員報酬を経て個人の所得を高めていくべきか。金融機関によっても見方は異なります。

じつは、Aさんの場合、本業で付き合いがあった金融機関から融資を受けたのは、3棟目と5棟目のみ。それ以外は、地銀、信用金庫などさまざまです。

Aさんと一緒に、そのときのベストな道を模索してきた結果が、バラエティに富んだ金融機関のチョイスにも表れていると思います。

そんな荒波をともに乗り越えてきた〝同志〟というと、大ゲサかもしれませんが、Aさんが、さまざまなハードルを越え、夢を叶えた成功のポイントを一つだけ挙げるとしたら、最初にしっかりとしたビジョンをお持ちだったことだと思います。

7棟も保有しているというと、まったく異次元のレベルの成功者のように見えるかもしれません。ですが、もともとは飲食店の一オーナーという立場で、裸一貫、定期預金からスタートし、一つ一つ積み上げたからこそ、今があるのです。

そう考えれば、誰でもAさんの後を追いかけ、それを上回る棟数のオーナーになることは夢ではないはずです。

じつはAさんに聞くと、不動産投資で「まだまだやりたいことがある」とか。

新築一棟マンション投資には、「儲けたい」以上に、何か人を惹きつける魔力があるのかもしれません。
今度はどこで、どんな物件を手がけたいと考えていらっしゃるのか。
まだまだAさんとのお付き合いは長くなりそうです。

「女性でも」ではなく「女性だからこそ」“こだわり”を生かしたデザインで人気物件に！

Bさんの場合

清潔感のある白い外観に、エントランスの壁は温かみのあるベージュのタイル張り。

そして、フロアを上がるごとに、表札の横にアレンジされた色鮮やかな花の写真が、蕾から徐々に大輪の花へと開いていく……。晴れて念願の新築一棟のオーナーとなったBさんの姿を象徴しているようでもあります。

（ああ、Bさんらしいデザインの建物になったなあ）

竣工前、マンション全体を見て回り、そうしみじみ感じたことを、今でも鮮明に覚えています。

Bさんに最初にお会いしたのは、当社セミナーの場でした。

その後、面談をご希望され、お話をうかがうと、

「30代後半で、独身ということもあるので、万が一、働けなくなるようなときに備え、安定的な収入があったほうがいいと思って……。不動産投資を考えているんです」

と、語ります。

不動産投資本などを読んで勉強し、区分所有のマンション投資を勧める会社の話も聞いたとか。

「でも、安定的に収益を得ていくなら、やっぱり一棟ものがいいという結論に達しました。それに、私の母が関東近郊でアパートを1棟持っているんですが、1階のテナントが空室になってしまって……。だから、やるなら、賃貸ニーズが高い東京で建てたいんです。普通の会社員の私なんかにできるのかわかりませんが……」

控えめながら、Bさんの意思は明確でした。

「こんな外観にしたい」
〝写真付きメール〟から伝わる熱い思いが連鎖し……

次にお会いしたときには、実際に私どもの会社で手がけた物件をいろいろと見ていただきました。

Bさんもそうだったように、多くのお客様は新築一棟マンションを建てるのは初めての経験です。

「私なんかに本当にできますか？」

と半信半疑でお尋ねになる方もいれば、

「世田谷や目黒の一棟マンションなんて、いくらかかるんだろう？　5億？　10億？」

などと、自分にとっては絵空事のようなイメージを持っている方も多いのです。

それが、実際に物件を見ていただいて、詳細をお話しすると、（じゃあ、上手く借入れができれば私にもできるかも！）となり、（こんな物件を建てたい）というイメージもクリアなものになっていくのです。

Bさんにもじっくりとイメージを固めていただきながら、世田谷にいい物件が出たところで、土地購入となりました。某金融機関で事前審査を受けたところ、1億円ぐらいまでは大丈夫そうだという内諾を得ていたため、融資もスムーズでした。

ちなみに、Bさんの年収は約800万円で、自己資金は2000万円ほど。大企業勤務ではありますが、属性としては普通の会社員レベルといっていいでしょう。

ちなみに、Bさんが融資を受けたこの金融機関は、その後、評価方法が変わったため、同じ条件で融資を受けるのは難しくなっています。

これもタイミングいかんというべきでしょう。

土地を購入したところで、具体的な設計の打ち合わせに入ります。

退社後、大抵20時過ぎにいらして、1時間から1時間半ぐらい、設計担当、営業担当を含め、話し合いをされていました。

新築一棟だけあって、愛着も日に日に増していくようで、ミーティング以外のときも、〝写真付きメール〟が担当者宛に届くようになります。

街を歩いていて、「いいな」と思った物件をケータイで撮影しているとか。

「こんな外観になりませんか？」

「こういうタイルはどうですか？」

というメッセージとともに、時に1日、4〜5通のメールが送られてきます。データ量の重さとともに（笑）、伝わってくるBさんの熱い思いに応えようと、設計担当者も奮起し、それが施工者のやる気にもつながっていく。

いつもそうですが、「いい物件を作ろう」という思いが連鎖していくことが、質の高い物件につながっていくんですね。


こうして完成したBさんの物件は、世田谷の某駅から徒歩5分、1階が店舗、2〜4階がワンルームで6戸。総事業費が約1億3000万円。自己資金約2000万円を入れ、約1億1000万円の借入れで竣工しました。

毎月の賃料収入は65万円超。キャッシュフローは約20万円、利回りとしては6％超で回っています。

「女性が住居に求めるもの」が肌感覚でわかるアドバンテージ

多くのサラリーマン大家さんがそうであるように、Bさんは、変わらず会社員生活も続けながら、忙しい日々を送っている様子です。

「もし会社が倒産したら」「給料がダウンしたら」という不安が解消されてこそ、安心して目の前の仕事にも打ち込めるものなのかもしれません。

「独身女性が1人で、一棟マンションを建てるなんて、勇気あるなあ」と思う方もいらっしゃるかもしれませんが、毎回、セミナーを開くと、二十数人の参加者のなかで5〜6人程度は、20〜40代の女性1人のご参加で、独身の方も多くいらっしゃいます。

今は女性も男性と同様、既婚、独身関係なく、バリバリと働き、高収入を得ている方も少なくありませんし、ムダ遣いをせず、しっかりと貯蓄をしている方も多い。

「一発当てるぞ」とばかりに鼻息荒く投資をスタートするのではなく、不動産投資にじっくりと向き合い、安定的に収益をキープできるような素養を持ち併せた方が多いように思います。

もちろん、融資についても、「女性」という属性がネガティブに働くことは一切ありません。

そして、何より私どもが建てる物件は、20〜40代の女性をターゲットとしているため、Bさんがそうであったように、「女性が住居に求めるもの」がリアルにわかる。その肌感覚ともいうべきセンスを、設計や施工に生かせるというメリットもあります。

ご自身のこだわりが、賃貸経営に生かせるという意味では、「女性でも」ではなく、「女性こそ」が「新築一棟マンション」投資に向いているといえるかもしれません。

本業の赤字、近隣住民の反対……数々のハードルを乗り越え、円満相続も実現！

Cさんの場合

「土地持ち三代続かず」という言葉があります。

日本では、資産家といわれるような方でも、財産の約半分を不動産が占め、一方で現金はほとんどないというケースも珍しくありません。

その場合、相続税が発生するたびに、土地を切り売りして相続税の支払いに充てざるをえないという事態に追い込まれることもあります。

つまり、「相続が3回も続けば、先祖代々受け継いできた土地、財産がなくなってしまう」。冒頭の言葉は、日本にありがちな相続事情を言い表したものなのです。

ところが、私が初めてお会いした際、Cさんは3代どころか、親から相続した2代目で「土地がなくなってしまうリスク」にさらされていました。

原因は本業の赤字です。

自身が営む会社で資金が足りなくなると、不動産を売却してお金を入れるという自転車操業の日々。不動産を売却すると、譲渡所得税も払わなければならず、またお金がなくなる。

負の連鎖が続いた結果、相続で得た1000坪以上の土地が、私がお会いした際には、150坪ほどになってしまっていたのです。

本業が回復する見込みもないまま、ご相談に見えたのは奥様でした。

当社でできることを模索するため、面談をスタートしますが、奥様は固い表情のまま、です。

「夫もそうですが、正直なところ、不動産屋さんには、あまりいいイメージが持てないんです……」

Cさんは、これまで不動産の管理、売却のすべてを、付き合いのあった不動産業者に全面的に任せていました。

しかし、業者は土地を切り売りするたびに手数料を手にしていくだけで、何もしてはくれません。

本業が赤字になったのは、ご本人の責任とはいえ、「土地を右から左に売る」だけの不動産業者に、いいイメージを持てないのも心情的には理解できます。


手さぐりでヒアリングをしていくなか、ご家族の構成を聞くと、お子さんが2人いらっしゃることがわかりました。

「残った土地だけでも、しっかりと資産価値のある物件を建て、お子さんに財産として残していきましょう」

最終的には、この提案に、奥様がうなずいてくださったことが、プロジェクトを手がける契機となりました。

私どものプランは、残っていた150坪の土地に建っている、古い木造のアパート、自宅の母屋を壊し、お子さん2人に相続できるよう2棟を建築するというもの。

融資については非常にハードルの高い案件でしたが、収益性の高いプランを工夫し、何とか取りつけることができました。

面談の場にいない家族のことも考えるワケは？

ところが、ほっとしたのもつかの間。今度は、近隣住民からマンション建設の反対運動が起こります。

マンション建設に対する反対運動というのは、起きそうなところで起きなくて、まさか起きないだろうと思われるところで起きることもままあります。

反対運動の表向きの理由として挙がるのは、「日照の問題」「ワンルームマンションが建つことによるマナーの問題」など。

しかし、日照にまったく問題ないような低層住宅で、見当違いの反対運動が起こることもあり、こうした苦情にオーナーさんが対応していくのは、非常にハードルが高い。

この件についても、オーナーさんに代わって当社で複数回にわたって説明会を開き、納得いただくことができました。

その後、２つの物件は、オーナーご夫妻の奥様が相続し、年金の補てんとして家賃収入を得ています。そして、いずれはお２人のお子さんに引き継がれることでしょう。

いつも申し上げることですが、直接の依頼者は、面談にお見えになったお客様ですが、不動産投資を成功させるためには、その場に居合わせない方のこともしっかりと考慮していく必要があります。

自分がこの世にいなくなった後も、建物、土地は残っていきます。残された家族にとって、うれしい財産となるのか。あるいはお荷物物件として〝負の遺産〟になってしまうのか。

Cさんの事例は、今後の相続のあり方を考えるうえでも、参考となる一つのケースだと思います。

81歳という年齢のハードルもクリア。7億円超の融資を受け、相続対策もクリア

Dさんの場合

「自分の年齢でも、金融機関から融資を受けることはできるのでしょうか？」

不動産投資の裾野が広がるなか、70〜80代といったご年配の方から、そんな質問をいただく機会が増えています。

いくら今のシニアの方々が元気だとはいっても、70〜80代ともなれば、融資を返済できる年数は限られてしまうのは自明の理。しかし、返済期間を短く設定したのでは、キャッシュフローが回らず、どうしても融資の審査が厳しくなりがちです。

「生きているうちに完済できるのだろうか？」

「相続対策も含め、アパート経営に乗り出したいけれど、この年では……」

そんな不安からあきらめてしまう方もいらっしゃるかもしれません。

実際、住宅ローンでは、住宅金融支援機構の「フラット35」については申し込み時の年齢が満80歳までという上限があり、住宅ローンの借入れとともに加入する団体信用生命保険も、加入年齢や保障が受けられる年齢が80歳までに設定されているものもあります。

アパートローンを組んだことはなくても、住宅ローンは経験したことがある方が多いため、「70~80代になってから融資を受けようと思ってもムリだろう」となってしまうケースも多いのでしょう。

しかし、じつは70歳でも、80歳でも、まったくあきらめる必要はナシ。ちゃんと方法はあるのです。

ここでご紹介するDさんも、初めてお会いした際には79歳。80歳を目前に控えてもなお、不動産投資への意欲は満々でした。

「1棟、小さなマンションを持っているんですが、もう少しキャッシュフローをしっかり出せるような物件をもう1棟持ちたいんです」

まず、初めに着手したのが既存の物件の借入れの見直しでした。2棟目の融資をにらみつつ、相続対策も視野に入れ、3人いる息子さんのお1人、長男を連帯保証人にし、返済期間を長めに設定。キャッシュフローがしっかり回るようなプランに変え、別の金融機関で借り換えを実施しました。

ここで、冒頭の話に戻ると、アパートローンの返済期間については、住宅ローンのように契約者の年齢ではなく、対象となる建物の耐用年数によって設定されます。

つまり、RC造マンションの場合、法定耐用年数が47年なので、条件さえ整えば、返済期間を最大47年にすることも可能なのです。

ただし、融資の審査の時点で80歳になっていたDさんが、その後30~40年以上も融資を返済し続けるのはほぼ不可能なので、相続承継人として連帯保証人をつける必要がありました。

Dさんは次男をローンの承継人に指定し、47年ローンを設定。3億円の融資が下りたところで、世田谷の借地権物件を購入することとなりました。

この場合、連帯保証人となるお子さんは、融資という借金を背負うことになりますが、同時にマンションを手に入れることができるため、その家賃収入を融資の返済に充てることができます。

また、相続対策として見ても、債務控除といって、借入額を相続資産から差し引くことができるため、相続の際にかかる税金の節税にもつながります。

Dさんの場合、新たに取得したマンションの実勢価格は約6億円で、相続税評価額はその約半額の3億円になります。

そこで借入額3億円を差し引けば、相続税評価額はゼロとなり、理論上、相続税0円も実現するというわけです。

相続対策を見据え、債務控除の効果を最大限に享受するならば、短期で借入れを返済するより、借入期間を長めに設定するほうが優位性があるといえるのです。

相続対策、所得税対策と複合的な視点を持つ必要性

こうして無事、融資も下り、3階建てのマンションが完成しますが、もう一つ、問

題が残されていました。もう1人のお子さんへの相続です。

お子さんが複数人いる場合、相続人の数に合わせたプランが肝要です。

「息子さんが3人いらっしゃるならば、最初にお持ちのマンションと合わせ、それぞれ物件を相続できるよう、3棟所有されることをお勧めします」

私は、最初の面談で家族構成をうかがった際から、ずっとそのようにご提案していました。

当初は、あまり気乗りしていなかったDさんですが、私どもで手がけた1棟目の物件を気に入ってくださったこともあり、もう1人の息子さん、三男への相続用として2棟目の建設も決意します。

こうして目黒に建てた3棟の物件も併せ、すべて満室状態をキープしており、年間4000万円ほどのキャッシュフローを得ている計算です。

さらに、家賃収入が増えたところで、もう一つ、対策を打つ必要がありました。

日本の場合、所得が多くなってしまうと、個人の場合、所得税率45%と、法人税（中小企業の場合、実効税率で25%程度）よりも高額の税金を払わねばならなくなります。

よって、本業の所得、不動産所得などを合わせ、法人税の税率よりも所得税率が高くなる場合は、法人（資産管理会社）で物件を保有・管理するほうがトクになるケースもあります。

ただし、相続対策として考えるならば、個人で借入れをしたほうが債務控除を受けられるメリットがあります。

その場合は自分が経営する資産管理会社とサブリース契約を結ぶ手もあります。サブリースの手数料を経費として落とし、その会社から家族に給料を支払う形で、所得分散もはかる仕組みです。

不動産投資をしっかりと成功に導くには、こうした税金対策、のちのちの円満な相続対策までトータルで考えていく必要があります。

今後、税制が再び変わってくるようなリスクに備える意味でも、専門的知識を持ち、長期的視点でサポートしてくれるプロを味方につける必要性がますます高まりを見せているのです。

脱サラしたばかりでも融資OK！ 満室御礼の物件オーナーになれたワケ

Eさんの場合

物件引き渡し前に、口コミで全部屋の入居者が決まったという、まさに業界で〝幻の物件〟とも呼ばれたマンションがあります。

当社が、世田谷で手がけたワンルーム10室に、最上階に2LDKが1室のマンションです。

ワンルームの各部屋には、広々とした窓がついて開放感たっぷり。最上階の方専用の屋上ガーデンは、お湯が出るシンクとガス管も設置してあり、ガーデンパーティも楽しめる趣向となっています。

今も空室待ちの方が常にいるという人気物件ですが、何とこちらのオーナー・Eさんが当物件を手がけた際の属性は、独立開業してまだ1年目。融資の審査を受けるには、かなり厳しい条件でした。

最初に、Eさんにお会いしたのは当社開催のセミナーの場でした。

「独立したばかりなので、収入源を複数にしておきたい」そんな考えから、本業との兼業が可能な不動産投資に焦点を当て、さまざまなセミナーに通ったといいます。

しかし、区分所有のマンションでは諸経費を払うと、あまりに手残りの収入が少ない。アパート経営を手がける会社では、営業担当がろくすっぽ話も聞かずに、物件をあれこれ勧めてくるため、正直、うんざりしてしまったとか……。

実家が保有していた不動産を担保に2億円超の融資がOKに

そこで、行きついたのが当社セミナーだったというわけですが、「あんな都心の一等地に、新築一棟マンションを建てるなんて、よっぽどお金がある人じゃないとムリだろうな」と思っていたと言います。

その後、面談でお会いした際にも、「自分には縁のない話だろう」とまだ半信半疑の様子。たしかに本業の売上は出だしから好調でしたが、開業1年目では融資の条件としてはやや厳しい。あれこれ話を続け、家族の話題になったところで、

「実家で父が不動産経営をしているんです」

とEさん。聞くと、関東近郊の駅前で180坪程度の広さだとか。

「その物件を共同担保にすれば、融資が受けられるかもしれません」

早速、お父様に面会を申し込み、現地に行ったところ、まさに駅前の一等地に位置する好条件の物件です。

お父様と話をしたところ、ご自身が賃貸マンション経営をしてきたということもあって、ご子息が不動産投資を始めることについても、全面的に賛同してくれました。最終的に、ご本人同士、話し合いをし、お父様から1000万円を自己資金として入れていただき、同物件を担保に融資を組むことになります。

金融機関については、物件の保全性（担保力）を重視し、担保物件に関して〝地の利〟のある地銀をチョイス。晴れて、〝脱サラしたばかり〟のハードルを乗り越え、2億1000万円の融資が実現したのです。こうして、無事竣工。毎月、Eさんが手

にする家賃収入は130万円近く。利回りは7%超で回っています。

じつは、この物件については、一番に手を挙げたEさんに次いで、「全額キャッシュで払うから、ぜひ売ってほしい」と、2番目に駆け込んできた方がいらっしゃいました。

Eさんの融資の審査結果はこれからという状況で、全額キャッシュで払うというお客様がいるなら、その方を選んだほうが、手間という点では当社としてもラクだったかもしれません。しかし、私の会社のルールは、「一番に手を挙げた方にお売りする」というもの。

いくらお金を積まれても、そこは変えられないのです。

Eさんは、あとからその話を聞き、当社により信頼を寄せてくださったようでした。本業と併せてまさに順風満帆のEさんですが、今後も「新築一棟マンションを建てていきたい」という野望を持っていらっしゃるよう。

「そして、次もフェイスネットワークさんとやりたい」と。

とてもうれしく思う一方、多くのお客様にリピートしていただくためにも、一棟一棟を大切に手がけていかねば……そう思いを新たにする瞬間でもあります。

おわりに

「不動産業界のことを、あまり好きではありません」

本書の前段で、そのように申し上げ、業界の問題点についても、やや辛口の指摘をしてまいりました。

しかし、その一方で、私が不動産業界に飛び込んだのは、その行く末に大きな可能性を感じているからほかなりません。

何もなかった更地に、１棟の新築マンションが建つ。

それだけで周囲の景観も変われば、１階に誘致されたテナントによっては、近隣住民の生活の利便性にも大きく影響します。

「ここに住みたい」と考えるニューカマーが加われば、新たな人の輪、コミュニティも生まれてくるでしょう。

その観点で見れば、賃貸マンションのオーナーになるということは、単なる投資行動というだけでなく、街づくりに貢献する側面をも持ちえるのではないでしょうか。

だからこそ、私どもとしても、オーナーさんや入居される方々のニーズに応えるだけでなく、そのマンションが近隣の方々にとっても心地良い存在であってほしい。

ワンストップサービスでお客様の財産である賃貸マンションを〝守る〟とともに、その街に住む近隣の方々の生活をも〝守る〟。

より楽しく利便性の高い生活を、その地に提供することも、私たちが背負うべき責任であると考えています。

その一環として、当社では、さまざまな新しい取り組みを進めています。

一つが、保育園（認可外保育施設）の誘致です。

私どもの物件が最も数多く建つ世田谷区は、じつは待機児童数の数では、残念ながら自治体ワースト1。しかもその数は減少するどころか、増え続けており、約1200人（2016年6月時点）にものぼります。つまり、認可保育園だけでなく、認可外保育園にも入れない子どもたちがそれだけ存在するということであり、小さなお子さんを抱えるご夫婦にとっては、切実な問題です。

「会社に行くにも利便性がいいし、公園や緑もある。子育てをするにも最適」

そう考える方にとって、保育園不足がハードルになるとしたら、街に根ざし、人々の生活を応援する「ライフコンサルタント」を標榜する私どもとしても見過ごせる問題ではありません。

では、私どもにできることは何か。当社では、入居者募集まで一貫して手がけるなか、物件1階のテナント募集も実施しています。

店舗というと、一般的には、コンビニやドラッグストア、スーパーなどを思い浮かべる方も多いと思いますが、その一つの選択肢として保育園を視野に入れ、助成金を受けられる条件も加味しつつ、プロジェクトを進めています。

大型マンションでは、すでに保育施設を設置するケースも出てきていますが、私どもが手がけるような十数世帯規模のマンションでの設置が進めば、待機児童増加への歯止め効果も期待できるのではないでしょうか。

テナント募集については、新たに独立を考えている開業医の方々の誘致も積極的に進めています。

例えば、大学病院から独立し、開業を考えている方に、設計、施工の段階から、新築物件の情報をご提供できれば、開業準備まで余裕を持って進められるでしょう。地域密着型で、長期で住民の信頼を得ていこうと考える病院がテナントに入ってくれれば、物件のオーナーさんにとっても、空室リスクが減り、付近の住民にとっても、メリット大ともいえます。

こうした生活インフラだけでなく、私どもの会社のお客様だけが利用可能なアミューズメント施設の設置やイベントの開催など、エリアに特化し、土地の有効活用をプランニングできる会社だからこそできるビジネスの可能性は無限にある。

街を歩きながら、古い空き家や更地を目にしつつ、いつもそんなことを考えています。

私が目指しているのは、私どもが手がける物件、エリアに魅力を感じ、集まってきてくださる方々と、まさに、「Face（Faith）to Face」のつながりを作っていくこと。広義の〝フェイスネットワーク〟というコミュニティを作ることを目標としています。

そのためには、住んでいる人にも、近隣で働く人々にも、他では生み出せない付加価値を提供できるような圧倒的な存在にならねばならない。そう決意を新たにしています。

「自分だったらこうしたい」

これは、私が新しいことを始める際の基点となる考え方です。

不動産業をスタートする際も、

「自分だったら、土地や建物を売るだけでなく、ワンストップでサービスを提供したい」

「単なる不動産会社じゃなくて、人の生き方を応援できるような会社にしたい」

そんな思いを抱き、今に至ります。

設立当初は十数人だった会社の仲間たちも、今や80人超。

そして、私だけではなく、会社全体に「自分だったらこうしたい」、つまり「自分だったらこんな家に住みたい」という思いで、お客様、一つ一つのプロジェクトに向き合う姿勢が根づいてきたように思います。

じつは、当社の社員の9割方は、不動産業界以外からの転職組。元パティシエやホテルマンなど、ユニークなキャリアの持ち主もたくさんいます。

いい意味での〝素人〟目線を失わず、「こんな家なら住みたい」「こんな家を建てたい」というオーナーさんの夢に寄り添えるのも、ちょっと変わった不動産会社ならではのアドバンテージといえるかもしれません。

そして、「はじめに」でも申し上げたように、今度は、あなたの番です。

もし、今の生活のあり方にどこか不安、不満があるとするならば、もう一度、考えてみてください。

「自分ならどうしたい」のか。

あるいは、

「本当はどうしたかった」のか。

もし、「したいこと」「したかったこと」に対し、金銭や時間がハードルになっているとするならば、安定的な収益を得ることが可能となる不動産投資こそが、有効なソリューションの一つになりうる、私はそう確信しています。

その思いにご賛同いただけるならば、ぜひ私どもの〝コミュニティ〟にいらっしゃってください！

そして、ご自身の夢を叶えるとともに、不動産投資の本当の醍醐味、おもしろさ、可能性を感じていただける方が一人でも増えていくことを、心から願っています。

蜂谷　二郎

不動産業界嫌いの不動産会社社長が教える
不動産投資で夢を叶える方法
――2000人以上のお客様との面談で導き出した私が伝えたい本当の不動産投資

2016年11月16日　第1刷発行

著者　蜂谷 二郎
発行　ダイヤモンド社
〒150-8409　東京都渋谷区神宮前6-12-17
http://www.diamond.co.jp/
電話／03-5778-7235（編集）　03-5778-7240（販売）
編集協力　大沢 玲子
石田 修平、米田 早希（リライアンス）
装丁・デザイン　平田 毅
制作進行　ダイヤモンド・グラフィック社
印刷　信毎書籍印刷（本文）・慶昌堂印刷（カバー）
製本　ブックアート
編集担当　前田早章

ISBN 978-4-478-10077-6

本書は投資の参考となる情報の提供を目的としております。投資にあたっての意思決定、最終判断はご自身の責任でお願いいたします。本書の内容は2016年10月12日現在のものであり、予告なく変更されることもあります。また、本書の内容には正確を期する万全の努力をいたしましたが、万が一の誤り、脱落等がありましても、その責任は負いかねますのでご了承ください。